suhrkamp taschenbuch 4394

Kann man an allem zweifeln? Was ist der Unterschied zwischen groß und klein? Und woher wissen Sie, was jemand meint, wenn er etwas sagt?

Hinter unseren alltäglichen Fragen verbergen sich oft tiefgreifende philosophische Herausforderungen. Die »Denkstücke« in diesem Buch bieten philosophische Reflexionen ebenso wie lehrreiche Rätsel und scheinbar unauflösliche Paradoxien. Es geht um die Grenzen unserer Erkenntnis, um die Tücken unserer Sprache – und die Rätsel des menschlichen Geistes. Der Autor nimmt uns dabei mit auf eine Entdeckungsreise in die Welt der Philosophie, von der Antike bis zur Gegenwart, von Platon über Descartes und Wittgenstein bis zu heutigen »analytischen« Philosophen. Die kurzweiligen »Lockerungsübungen« bieten philosophische Unterhaltung vom Feinsten: lehrreich und anregend, mal ernst und mal heiter. Ein Buch für alle, die Lust am Denken haben.

Thomas Vašek, geboren 1968, ist Chefredakteur des neuen Philosophie-Magazins *Hohe Luft*.

Thomas Vašek

Denkstücke

Lockerungsübungen
für den philosophischen Verstand

suhrkamp HOHE LUFT

Erste Auflage 2012
suhrkamp taschenbuch 4394
Originalausgabe

Druck: CPI – Ebner & Spiegel, Ulm
Layout: Lisa Neuhalfen, Berlin
Umschlaggestaltung und
Motiv: glanegger.com, München

Printed in Germany
ISBN 978-3-518-46394-9

Für Bee

Vorwort

Stellen Sie sich vor, Sie gehen spazieren und sehen einen Baum. Woher wissen Sie, dass der Baum wirklich existiert – und Sie nicht träumen? Könnte nicht die ganze Welt bloß eine Halluzination sein? Philosophen stellen oft seltsame Fragen. Sie zweifeln am scheinbar Selbstverständlichen, sie hinterfragen alltägliche Begriffe und Überzeugungen, die uns so geläufig sind, dass wir meist kaum darüber nachdenken. Dahinter stehen oft die großen Themen unserer Existenz: freier Wille, Liebe oder ein Leben nach dem Tod.

Die Philosophie kann helfen, Klarheit ins eigene Denken zu bringen, eine reflektierte Weltwahrnehmung zu entwickeln. Sie ist aber auch ein geistiges Abenteuer. Philosophieren heißt: Fragen stellen, Gedanken ausprobieren, Argumente prüfen – und mitunter bis tief in die Nacht streiten. Auf die wenigsten großen philosophischen Fragen gibt es Antworten. Jeder kann versuchen, seinen Geist an ihnen zu schärfen. Philosophie – das ist nicht nur etwas für akademische Spezialisten, sondern für uns alle. Das war und ist die Grundidee der Philosophiezeitschrift *Hohe Luft*. Dieses Buch versammelt die bisher erschienenen »Denkstücke« aus der gleichnamigen Rubrik – und noch viele weitere, bisher unpublizierte Texte. Es setzt keine philosophischen Kenntnisse voraus, sondern nur den Spaß am Denken und die Bereitschaft, sich auf ungewohnte, manchmal schwierige Gedankengänge einzulassen. Die »Denkstücke« folgen keinem System, sie bauen nicht aufeinander auf. Jedes steht für sich – als Leser können Sie also an jeder beliebigen Stelle einsteigen. Die Auswahl der »Denkstücke« geht quer durch die Geschichte und die philosophischen Disziplinen, sie spiegelt ganz subjektive Vorlieben und Interessen wider. Die knappe Form zwingt dazu, die einzelnen Gedanken aufs Wesentliche zu reduzieren. Manchem mag das respektlos, ja unverfroren erscheinen. Über manche Argumente großer Denker wurden ganze Bibliotheken an Fachliteratur geschrieben. Aber gerade die kurze Form – ohne philosophiegeschichtlichen Ballast, ohne die Komplexität einer großen Theorie – hat einen ganz eigenen Reiz. Sie erlaubt eine erste, barrierefreie Annäherung an die Philosophie über jene Gedanken und Argumente, die letztlich deren Herzstück bilden. Manche Gedanken entfalten gerade in der komprimierten Form ihre Schönheit und Kraft; bei anderen offenbart die knappe Darstellung, warum sie umstritten sind. Philosophische Argumente aus ihrem Kontext herauszupräparieren, sie nachvollziehbar und pointiert darzustellen ist eine lustvolle Herausforderung. Kaum eines dieser Denkstücke liefert eine »Lösung«, jedes wirft neue Rätsel und Probleme auf – genügend Stoff zum Weiterdenken. Nicht wenige Argumente widersprechen einander sogar. Ich würde mich freuen, wenn Sie als Leser an die »Denkstücke« mit wachem, kritischem Bewusstsein herangehen, ohne übertriebene Ehrfurcht vor Platon, Kant & Co. – und vor allem mit der gleichen »Lust am Denken«, die ich beim Schreiben hatte. Ich wünsche Ihnen viel Vergnügen bei weiteren Flügen in die »hohen Lüfte« der Philosophie.

Thomas Vašek, Chefredakteur *Hohe Luft*

Mein Dank für dieses Buch gilt in erster Linie dem tollen Team von *Hohe Luft*, insbesondere meiner mutigen Verlegerin Katarzyna Mol, die dieses faszinierende Zeitschriftenprojekt ermöglicht hat. Meinem Kollegen und Freund Tobias Hürter danke ich für ungezählte anregende philosophische Diskussionen und Dispute.

Wissen & Welt

Woher wissen Sie eigentlich, dass Sie wirklich existieren – und die Welt um Sie herum?

Sein oder Nicht-Sein

Was ist, ist. Und was nicht ist, ist nicht: Das erste Argument der Philosophiegeschichte

Alles in der Welt verändert sich. Überall nur Werden und Vergehen, Entwicklung und Verfall. Das sagen unsere Sinne, so erleben wir es jeden Tag. Alles nur Einbildung, dachte Parmenides von Elea (ca. 515–445 v. Chr.) In seinem Lehrgedicht »Über die Natur« entwickelte der Philosoph das erste streng durchgeführte Argument der Philosophiegeschichte. Er beginnt mit einer Frage: Was ist die wahre Realität? Parmenides geht zunächst von zwei möglichen »Wegen der Untersuchung« aus, dem Sein und dem Nicht-Sein. Doch den Pfad des Nicht-Seins trennt er gleich zu Beginn ab. Denn was nicht ist, das kann man nicht erkennen. Nur das, was ist, kann gedacht oder gesagt werden. Nichtexistierende Äpfel kann man nicht in einen Sack stecken, und genauso wenig können wir laut Parmenides über nichtseiende Dinge nachdenken. Es ist also der Fall, dass es ist. Aber welche Eigenschaften hat nun das Seiende? Und wie ist es entstanden? Offenbar kann es nicht einfach aus Nichtseiendem entstanden sein. Denn was nicht ist, ist nicht – also kann es auch nichts Seiendes hervorbringen. Das Seiende kann aber auch nicht aus Seiendem entstanden sein. Schließlich gibt es ja nichts außer dem Seienden selbst. Das Seiende muss also ungeschaffen und unzerstörbar sein: Wenn es ist, ist es – und dann ist es alles zugleich. »Also ist es unumgänglich, dass es entweder ganz und gar ist oder überhaupt nicht«, sagt Parmenides. Es gibt ihm zufolge also kein Mehr oder Weniger. Überall muss gleich viel vom Sein vorhanden sein, es gibt keine

Lücken – die Welt ist eine einzige, unteilbare Fülle. Daraus folgt aber, dass das Sein unbeweglich ist. Denn könnte man es bewegen, müsste es sich in den leeren Raum hinein bewegen. Doch der existiert eben nicht. Außerhalb des Seins ist nichts, daher muss das Sein in sich abgeschlossen sein. Das Sein erstreckt sich aber in alle Richtungen gleichermaßen. Nur die geometrische Form der Kugel erfüllt diese Bedingung. Damit kommt Parmenides zu seinem grandiosen Schluss: Das Sein ist eine endliche, bewegungslose, unveränderliche Kugel. Alle Bewegung, aller Wandel, alle Entwicklung – nichts als Schein. Das entspricht zwar nicht ganz unserer Erfahrung. Aber beruhigend wäre es allemal.

Zum Weiterlesen:
Parmenides, *Über das Sein*, griechisch/deutsch, herausgegeben und mit einem einführenden Essay von Hans von Steuben, Stuttgart 1995.

Der Stoff der Welt

Warum die Ideen der Vorsokratiker zu einem »Urstoff« modernen Vorstellungen verblüffend nahekommen

Wo Wasser ist, da ist auch Leben. Das beobachtete wohl schon Thales von Milet (ca. 624–546 v. Chr.). Der vorsokratische Naturphilosoph hielt das Wasser für ein Urelement. Er behauptete sogar, die Erde schwimme auf Wasser. Wie andere frühe griechische Philosophen glaubte er an die Idee eines universellen kosmischen Prinzips. Die Seele und der Kosmos sind aus dem gleichen Stoff gemacht, sie haben die gleiche Struktur, und sie folgen auch den gleichen Gesetzen. Anaximenes, ein anderer

Philosoph aus Milet, setzte statt auf Wasser lieber auf Luft. Für ihn war *pneuma*, also die Luft, das alles durchdringende Prinzip des Seienden. Auch die Seele bestand für ihn einfach aus Luft: »Ebenso wie unsere Seele, welche Luft ist, uns mit ihrer Kraft zusammenhält, so umfasst auch den ganzen Kosmos Wind oder Atem.« Vielleicht sah er die Welt sogar als einen einzigen lebendigen Organismus. Seine Idee einer kosmischen Atemseele ähnelt der indischen Vorstellung der Lebensenergie *prana*. Dem Hinduismus zufolge gibt es zwischen körperlichen und geistigen Vorgängen keinen Unterschied, beide sind nur verschiedene Formen des *prana*. Doch die ausgereifteste Theorie eines Urprinzips besaß Heraklit von Ephesos (ca. 540–480 v. Chr.). Für ihn herrscht in der Welt ständige Veränderung: *panta rhei* – »Alles fließt.« Doch auf jede Veränderung in die eine Richtung folgt eine Veränderung in die andere. Die Welt besteht aus Gegensätzen, die zusammen eine Einheit bilden – wie Tag und Nacht, wie Leben und Tod. Die kosmische Weltordnung schafft Ausgleich und Balance. Diese Ordnung beschreibt Heraklit als »ewig lebendiges Feuer, das nach Maßen entflammt und nach Maßen erlischt«. Dieses Feuer umgibt die Welt wie ein Äther. Es ist nicht nur die archetypische Form von Materie, sondern ein universelles Prinzip – eine Art kosmische Währung: »Alles ist austauschbar gegen Feuer, und Feuer gegen alles, ebenso wie es Waren gegen Gold sind, und Gold gegen Waren«. Auch die Seele besteht aus Feuer, und sie unterliegt den gleichen Veränderungsprozessen wie der ganze Kosmos. Dabei herrschen auch in der Seele Gegensätze und Spannungen, die im Gleichgewicht gehalten werden müssen. Nach Heraklit entsteht die Seele aus Wasser. Durch richtige Lebensführung trocknet sie – und wird dadurch immer »feuriger« und edler. Krankheit und Laster hingegen lassen die Seele immer feuchter werden, bis sie schließlich ganz zu Wasser wird und zugrunde geht. Die Theorien der Vorsokratiker über einen »Urstoff« mögen aus heutiger Sicht unwissenschaftlich anmuten, doch ihre Ideen waren durchaus sinnvoll. Immerhin versuchten sie, Geist und Materie aus einem gemeinsamen Prinzip zu erklären. Der Quantenphysiker Werner Heisenberg konstatierte einmal verblüfft, wie nahe Heraklits Theorie der modernen Physik komme: »Wenn man das Wort ›Feuer‹ durch das Wort ›Energie‹ ersetzt, so kann man Heraklits Aussagen fast Wort für Wort als Ausdruck unserer modernen Auffassung sehen.«

Der ruhende Pfeil

Nichts bewegt sich, glaubte der griechische Philosoph Zenon von Elea. Und er versuchte sogar, das zu beweisen

Ein Pfeil saust durch die Luft? Alles nur Täuschung, dachte Zenon von Elea (ca. 470–430 v. Chr.). Alle Bewegung ist nur eine Illusion. Das entspricht nicht ganz unserer Beobachtung. Aber Zenon hatte ein Argument, das sogar Aristoteles beeindruckte. Nehmen Sie den fliegenden Pfeil. Zu jedem Zeitpunkt befindet sich der Pfeil an einem bestimmten Punkt seiner Flugbahn. Der Flug eines Pfeils ließe sich also beschreiben, indem man seine exakte Position zu jedem Zeitpunkt angibt. Zenons Überlegung ist nun: Ein Zeitpunkt hat keine zeitliche Dauer. Bewegung erfordert jedoch eine Zeitspanne. Also steht der Pfeil zu jedem Zeitpunkt eigentlich still. Jede Zeitspanne besteht aber aus solchen Zeitpunkten. Folglich bewegt sich der Pfeil in der ganzen Zeitspanne nicht. Und das Gleiche gilt für jedes andere Ding: Nichts bewegt sich, alles steht still. Natürlich ist das Argument falsch. Doch der Fehler ist nicht leicht zu erkennen. Man könnte etwa die Prämisse akzeptieren, dass der Pfeil zu jedem Zeitpunkt tatsächlich ruht. Die Erklärung für die Bewegung wäre dann einfach, dass sich der Pfeil zu verschiedenen Zeitpunkten an verschiedenen Orten befindet. Aber schauen wir uns einmal die Prämisse näher an: »Der

Pfeil ruht zu jedem einzelnen Zeitpunkt.« Aber was heißt es eigentlich, dass sich ein Pfeil zu einem bestimmten Zeitpunkt bewegt oder nicht bewegt? Anscheinend muss man auch die benachbarten Zeitpunkte einbeziehen. Der Pfeil ruht zu einem Zeitpunkt offenbar dann, wenn er sich unmittelbar davor und unmittelbar danach am selben Ort befindet. Denn wäre er zu einem benachbarten Zeitpunkt an einem anderen Ort, dann müsste er sich ja bewegen – und das wäre ein Widerspruch zur Annahme, dass der Pfeil ruht. Nun besagt die Schlussfolgerung, dass der Pfeil über die ganze Zeitspanne ruht. Dann gilt aber für jeden einzelnen Zeitpunkt, dass sich der Pfeil zu allen benachbarten Zeitpunkten immer am selben Ort befindet. Das steckt aber nicht in der Prämisse. Denn die sagt nur, dass sich der Pfeil in jedem einzelnen Moment am selben Ort befindet. Selbst wenn also die Prämisse »Nichts bewegt sich zu einem einzelnen Zeitpunkt« richtig ist, lässt sich daraus nicht schlussfolgern, dass sich gar nichts bewegt. Pfeile fliegen also weiterhin, die Erde dreht sich – und auch die Zeit steht bekanntlich nicht still.

Zum Weiterlesen:
R. M. Sainsbury, *Paradoxien*, Stuttgart 2010.

Die Zeit läuft

Zeit ist ein Maß für Veränderung, dachte Aristoteles. Aber ist die Zeit wirklich – oder existiert sie nur für uns?

Zumindest eins steht fest: Die Zeit vergeht. Unerbittlich, gnadenlos – wie unser Leben. Aber was ist Zeit? Ist sie objektiv oder subjektiv? Existiert sie wirklich oder ist sie eine Illusion? Schon Aristoteles analysiert in seiner *Physik* ihr flüchtiges Wesen: Ein Teil der Zeit ist immer schon vergangen, der andere steht erst bevor. Streng genommen existiert eigentlich nur das Jetzt. Ohne Veränderung, ohne Bewegung gibt es offenbar auch keine Zeit, sonst könnten wir ja nicht sagen, es sei Zeit vergangen. Doch Bewegung kann schneller oder langsamer sein, die Zeit hingegen nicht. Also können wir sie nicht mit Bewegung gleichsetzen. Andererseits messen wir Bewegung mit Hilfe der Zeit, also muss sie quantifizierbar sein. Aristoteles bestimmt die Zeit folglich als Maß der Veränderung. Da Bewegung kontinuierlich ist, muss auch die Zeit kontinuierlich sein. Das Jetzt ist nichts als der Übergang zwischen früher und später – wie ein Punkt, der zwei Abschnitte einer Linie miteinander verbindet. Doch das Rätsel der Zeit ist damit nicht gelöst. »Was ist also Zeit? Wenn mich niemand danach fragt, weiß ich es, will ich einem Fragenden es erklären, weiß ich es nicht«, schrieb Kirchenvater Augustinus (354–430) in seinen *Bekenntnissen*. Wie schon Aristoteles rätselte auch er über das flüchtige Wesen der Zeit. Die Zukunft ist noch nicht, die Vergangenheit nicht mehr. Und die Gegenwart geht ständig in Vergangenheit über: Offenbar strebt die Zeit also danach, nicht zu sein. Selbst die Gegenwart hat keine Dauer. Weder kann sie sich über 100 Jahre erstrecken noch über einen Tag oder eine Stunde. Denn angenommen, wir befinden uns im ersten dieser 100 Jahre, so stünden uns 99 Jahre noch bevor – und die gehören nicht zur Gegenwart, sondern zur Zukunft. Und genauso könnte man jeden Zeitraum weiter unterteilen. Also kann das Jetzt kein

Zeitintervall sein. Was andauert, ist nach Augustinus nicht die Gegenwart selbst, sondern unsere bewusste Aufmerksamkeit. Erst unser Geist ermöglicht überhaupt Zeitbestimmungen. Wir erinnern uns, nehmen etwas als gegenwärtig wahr, erwarten etwas. Vergangenheit, Gegenwart und Zukunft sind Tätigkeiten unseres Geistes, sie bilden eine »Dreiheit der Seele«. Immanuel Kant begriff die Zeit, zusammen mit dem Raum, als reine Form der sinnlichen Anschauung, die uns *a priori*, also vor aller Erfahrung gegeben sein muss. Die Zeit strukturiert unsere Erfahrung. Ohne die Zeit könnten wir uns etwa keine Abfolge von Ereignissen vorstellen. Zu Kants Zeiten galt allerdings noch das Weltbild der Newton'schen Physik: Raum und Zeit bilden demnach eine starre Bühne des Weltgeschehens, die Uhr tickt überall im Kosmos gleich. Erst Einsteins Relativitätstheorie zeigte, dass dieses Bild offenbar nicht stimmt. Raum und Zeit sind verbunden zu einem vierdimensionalen Gewebe. Und wie schnell die Zeit verstreicht, hängt davon ab, wie schnell wir uns relativ zu einem Bezugssystem bewegen. So ganz unrecht hatte Aristoteles also nicht, als er die Zeit mit Bewegung in Verbindung brachte. Aus naturalistischer Sicht ist die Zeit ein grundlegendes physikalisches Phänomen – und ihre Rolle für die menschliche Erfahrung nur sekundär. Einige Denker sahen das allerdings anders. Martin Heidegger (1889–1976) hielt die Zeitlichkeit sogar für das Wesen der menschlichen Existenz. Als Menschen sind wir immer ausgerichtet auf die Möglichkeiten des Lebens – und damit letztlich auf den Tod. Es ist diese Zeiterfahrung, die für Heidegger das Wesen der Zeit ausmacht: Die Zeit ist, weil wir selbst immer im Werden sind – auf dem Weg zu uns selbst, in unsere eigene Zukunft.

Die Welt im Kopf

Die Wirklichkeit existiert nur in unserem Geist, behauptete vor 400 Jahren ein englischer Bischof. Manche Hirnforscher sehen es ähnlich

Der Tisch, an dem ich schreibe, existiert. Aber was heißt das genau? Nichts anderes, als dass ich den Tisch »sehe und fühle«, schrieb Bischof George Berkeley (1685–1753). Und wenn mein Tisch jetzt in einem anderen Zimmer stünde, dann könnte ich einfach hinübergehen und ihn dort sehen und fühlen. Und genau so ist es mit allen anderen Dingen. Dass da ein »Duft« ist, bedeutet lediglich, dass er gerochen wird; ein Ton wird gehört, eine Farbe gesehen. *Esse est percipi*: Sein heißt, wahrgenommen zu werden – und nach Berkeley ist es sogar unmöglich, dass Dinge außerhalb des Geistes existieren, der sie wahrnimmt. Häuser, Berge, Flüsse – die ganze Welt ist nur in unserem Kopf. Das klingt zunächst mal ziemlich unplausibel. Doch Berkeleys trickreiche Argumentation ist bis heute schwer zu widerlegen. Denn in welcher Beziehung könnten unsere Sinneseindrücke zu den »wirklichen« Dingen stehen? Eine Möglichkeit wäre, dass unsere Vorstellungen der Realität irgendwie ähneln. Aber Vorstellungen existieren zunächst einmal nur in unserem wahrnehmenden Geist. Offenbar können sie nur anderen Vorstellungen ähneln – aber nicht wirklichen Dingen. Zu Berkeleys Zeiten nahm man an, dass primäre Qualitäten wie Gestalt, Ausdehnung und Beschaffenheit in äußeren Dingen existieren, sekundäre Qualitäten wie Farbe und Geschmack hingegen nicht. Aber zum einen existieren Ausdehnung, Gestalt und Beschaffenheit offenbar in unserem Geist, da wir sie ja wahrnehmen. Zweitens nehmen wir die primären Qualitäten nicht unabhängig von den sekundären wahr: Die räumliche Ausdehnung meines Tisches kann ich nicht unabhängig von seiner Farbe wahrnehmen. Von den sekundären Qualitäten, so Berkeley, nehmen wir zu Recht an, dass sie nur im Geist existieren: Farben können unter verschiedenen Umständen unterschiedlich erscheinen, und was der eine als kalt empfindet, das empfindet der andere als warm. Aber wenn wir die primären Qualitäten gar nicht von den sekundären trennen können, dann müssen wir offenbar zugeben, dass beide in unserem Geist sind – und nur dort. Berkeley ging noch weiter: Es sei sogar unmöglich zu denken, dass es äußere Gegenstände geben könne. Sicherlich kann ich mir vorstellen, dass mein Tisch auch dann existiert, wenn niemand ihn wahrnimmt. Aber damit bilde ich ja erst recht nur eine Vorstellung in meinem Geist – und das hieße wieder nur, dass der Tisch ein Gegenstand meines Denkens wäre. Um zu beweisen, dass der Tisch wirklich existiert, müsste ich mir vorstellen, dass er existiert, ohne dass jemand daran denkt – und das ist ganz offensichtlich ein Widerspruch. Berkeleys Ansichten finden ein Echo in manchen Theorien heutiger Hirnforscher. Unser Gehirn bildet demnach die Außenwelt nicht einfach ab. Vielmehr konstruiert es die Wirklichkeit. Ein Beispiel ist die Farbwahrnehmung. Die Farbe von Objekten können wir nur aufgrund des reflektieren Lichts erkennen. Bestrahlt man eine Tomate mit weißem Licht, strahlt sie rotes Licht ab – sie erscheint uns also als rot. Bestrahlt man sie hingegen mit blauem Licht, kann sie kein rotes Licht mehr reflektieren. Dennoch nimmt unser Gehirn sie als rot wahr – und zwar einfach aufgrund der »Vorhersage«, dass Tomaten eben rot sind. Nach dieser Auffassung ist auch mein Tisch letztlich ein Konstrukt meines Gehirns – ob er nun vor mir steht oder nicht.

Zum Weiterlesen:
George Berkeley, *Eine Abhandlung über die Prinzipien der menschlichen Erkenntnis*, Stuttgart 2005.

Pascals Wette

Warum Blaise Pascal empfahl, auf die Existenz Gottes zu wetten – und warum man dabei nicht verlieren kann

Das Ungewisse faszinierte den Mann. In Pariser Salons gab er sich nächtens dem Glücksspiel hin. Vielleicht kam Blaise Pascal (1623–1662) so auf die ungeheuerliche Idee, auf die Existenz Gottes zu wetten: »Gott ist, oder er ist nicht. Worauf werdet Ihr setzen?« Pascal war ein Genie. Schon in frühen Jahren zählte er zu den führenden Mathematikern und Physikern seiner Zeit. Unter anderem begründete er die Wahrscheinlichkeitsrechnung. Und auf diesem Kalkül beruhte auch seine berühmte Wette. Die Vernunft, so erkannte Pascal, kann die Existenz Gottes offenbar nicht beweisen. Wenn es Gott gibt, dann ist er für uns Menschen unbegreiflich. Trotzdem müssen wir uns entscheiden, ob wir an seine Existenz glauben oder nicht. Der Mathematiker Pascal prüft nüchtern die Optionen. Angenommen, Gott existiert. Dann machen jene, die auf ihn gewettet haben, einen unendlich großen Gewinn. Jene hingegen, die nicht an ihn glauben, landen in der Hölle. Existiert Gott nicht, nun, dann verlieren die Ungläubigen nichts und auch die Gläubigen kaum etwas – sieht man einmal davon ab, dass man die Zeit für Messen und Gebete anders hätte verwenden können. Aber was ist das schon gegen die Aussicht auf unendlichen Gewinn? Unterm Strich ist es immer besser zu wetten, dass Gott existiert. Denn wenn wir der Existenz Gottes auch nur eine minimale Wahrscheinlichkeit einräumen, dann ist der erwartete Gewinn unendlich groß, während unser Einsatz nur endlich ist. Und selbst wenn man als Ungläubiger annimmt, im Falle der Existenz Gottes nicht in der Hölle zu schmoren (also unendlich großen Verlust zu erleiden), scheint es immer noch sehr vorteilhaft, auf die Existenz Gottes zu wetten: »Wenn Ihr gewinnt, so gewinnt Ihr alles, und wenn Ihr verliert, so verliert ihr nichts.« So gesehen, sollten Sie also zugreifen. Doch Pascals Argument hat einen Haken. Zwar sagt Pascal selbst, dass wir über Gott nichts wissen können. Doch in seiner Wette setzt er das Wissen voraus, welcher Gewinn oder Verlust uns im Falle seiner Existenz droht. Und genau das wissen wir natürlich nicht. Wir können nur daran glauben. Nach Pascal sind wir ohnehin nur scheinbar rationale Wesen. Die Wahrheit, so sagt er, erkennen wir nicht nur durch Vernunftbeweise, sondern auch durch unser Herz – also auf intuitive Weise. Doch Vernunft und Herz sind für ihn zwei grundverschiedene Arten des Erkennens: »Unser Herz hat Gründe, von denen die Vernunft nichts weiß.«

Eins, zwei oder drei

Warum man an drei Welten glauben kann statt bloß an eine

Wie viele Welten gibt es? Eine einzige, werden Sie vielleicht sagen – nämlich unsere Welt. Philosophen neigen manchmal dazu, die Dinge etwas komplizierter zu sehen. Dualisten zum Beispiel glauben traditionell, dass es immerhin zwei Welten gibt – die geistige und die körperliche. Der österreichische Philosoph Karl Popper (1902–1994) hingegen kam auf die eher ungewöhnliche Zahl drei – und nannte seine Welten sogar ausdrücklich »Welt 1«, »Welt 2« und »Welt 3«. Warum ausgerechnet drei – und nicht fünf, 13 oder 27? Welt 1 ist einfach die gewöhnliche körperliche Welt – das Universum physischer Gegenstände. Daneben gibt es die Welt psychischer Zustände, also unserer Gedanken und Gefühle. Bis hierhin ist das die bekannte dualistische Zweiteilung. Aber nun kommt »Welt 3« ins Spiel. Nach Popper ist das die Welt der Denkinhalte und Erzeugnisse des menschlichen Geistes – von Büchern über Kunstwerke bis zu wissenschaftlichen Theorien. Das besondere an den Gegenständen in Welt 3 ist, dass sie von uns Menschen geschaffen wurden. Natürlich gehören dazu auch materielle Gegenstände, etwa Bücher, die wiederum zur Welt 1 gehören. Aber ihr geistiger Gehalt gehört nach Popper zur Welt 3. Schön und gut, aber was soll diese Weltenvielfalt? Karl Popper glaubte, mit seiner Theorie das Leib-Seele-Problem lösen zu können – also die Frage, wie Geist und Materie miteinander interagieren. Nach Popper wirken nicht nur die (physische) Welt 1 und die (psychische) Welt 2 zusammen. Vielmehr interagiert auch Welt 3 mit Welt 2. Doch die Gegenstände von Welt 3, also die Denkinhalte, sind vollkommen abstrakt; in gewisser Weise ähneln sie den platonischen Ideen. Allerdings handelt es sich nicht, wie bei Platon, um göttliche Begriffe wie das »Schöne« oder das »Gute«, die wir kontemplativ erschauen können. Gegenstände der Welt 3 erfassen wir in einem aktiven Prozess – indem wir sie verstehen und nachvollziehen. Zu ihr gehören sogar geistige Erzeugnisse, die es noch gar nicht gibt – wie etwa die bislang unentdeckte Lösung für ein mathematisches Problem. Doch Popper behauptet, dass auch die Denkinhalte wirklich sind – sie sind nämlich »mächtige Werkzeuge zur Veränderung der Welt 1«. Ein Wissenschaftler könnte etwa durch eine neue Theorie, die zur Welt 3 gehört, die Gedanken anderer (in der Welt 2) beeinflussen – und diese Gedanken könnten wiederum zu einer neuen Erfindung führen, die wiederum Welt 1, also die physische Welt, verändert. Gegenstände der Welt 3 wirken also durch das Eingreifen von Menschen auf die körperliche Welt 1 ein. Und dabei spielen unsere geistigen Vorgänge eine Art Vermittlungsrolle – also Welt 2. Poppers Schlussfolgerung lautet: Sowohl Gegenstände der Welt 3 und der Welt 2 sind wirklich – und wirken mit der körperlichen Welt 1 zusammen. Was Popper als »geistige Erzeugnisse« der Welt 3 verstand, bezeichnen manche heute als »Meme«. Darunter versteht man kulturelle Informationen, die durch Imitation weitergegeben werden. Das können Gedanken, Melodien, Schlagwörter, Gerüchte und vieles mehr sein. So wie Gene sich vermehren, indem sie mit Hilfe von Spermien oder Eizellen von Körper zu Körper »springen«, so verbreiten sich Meme, indem sie von einem Gehirn zum nächsten wandern. Auf gewisse Weise hat sich die Mem-Theorie sogar schon selbst bewiesen: Zumindest das Mem »Mem« hat sich schnell verbreitet – ob die Theorie stimmt oder nicht.

Zum Weiterlesen:
Karl R. Popper / John Eccles, *Das Ich und sein Gehirn*, München und Zürich 1996.

Kein Grund zum Ver-Zweifeln!

Das Dilemma steckt schon im Wort: Zwei-fel. Man schwankt zwischen verschiedenen Überzeugungen und fühlt sich ent-zweit. Kann man an allem zweifeln?

Findet der Klimawandel wirklich statt? Oder gibt es Gründe, an den Forschungsergebnissen zu zweifeln? Und wenn ja: Was könnte Ihre Zweifel ausräumen? Der Zweifel ist ein Zustand der Unentschlossenheit. Man weiß nicht so recht, ob man etwas glauben, also für wahr halten soll. Der Zweifel sei ein »unangenehmer, unbefriedigender Zustand«, schrieb der amerikanische Philosoph Charles S. Peirce (1839–1914) – eine Art Unruhe, eine Irritation. Zweifel wollen wir beseitigen, das stimuliert uns zu einer geistigen Aktivität. Peirce hielt den Zweifel sogar für ein Leitprinzip des Denkens. Jeder von uns bezweifelt das eine oder andere. Der philosophische Skeptizismus bezweifelt sogar, dass es überhaupt gesichertes Wissen gibt. Die meisten Philosophen lehnen diese Sicht allerdings ab. Gegen die Skeptiker argumentierte schon Kirchenvater Augustinus. Das denkende Bewusstsein kann nicht an allem zweifeln. Auch wenn es zweifelt, so weiß es doch, dass es zweifelt – und damit als denkende Instanz existiert. René Descartes erhob den Zweifel sogar zur zentralen Denkmethode. Schon als junger Mann zweifelte er an den Fundamenten des überlieferten Wissens. Autoritäten lehnte er als Quelle von Wahrheit ab. Als Regel legte Descartes fest, »niemals eine Sache als wahr anzuerkennen, von der ich nicht evidentermaßen erkenne, dass sie wahr ist«. Könnte nicht alles, was wir für gesichert halten, auf einer Täuschung beruhen? Woher wissen wir überhaupt, dass wir existieren? Und könnte uns nicht ein böser Dämon alle Bewusstseinsinhalte nur vorgaukeln? Aber selbst wenn jemand denkt, alles sei falsch, so muss er doch denken – und damit existieren. Auch der schlaueste Betrüger könnte nicht bewirken, »dass ich nicht sei, solange ich denke, ich sei etwas.« Daher Descartes' »Ich denke, also bin ich« – das vielleicht berühmteste Argument der Philosophiegeschichte. Wir können also sicher sein, dass wir existieren, solange wir denken. Aber was ist mit all dem anderen? Woher wissen wir, dass wir unserem Urteilsvermögen trauen dürfen? Descartes antwortet letztlich mit der Existenz Gottes: Als vollkommenes Wesen kann uns Gott nicht täuschen wollen, daher hat er uns mit einem Urteilsvermögen ausgestattet, das uns bei richtigem Gebrauch nicht in die Irre führt. Sehr befriedigend ist das jedoch nicht. Ein radikaler Skeptiker würde natürlich auch die Existenz Gottes bezweifeln.

Gegen den Skeptizismus können wir uns natürlich auf unsere alltäglichen Intuitionen berufen. So wissen wir etwa, dass wir zwei Hände haben. Und dieses Wissen ist evidenter als jedes Argument, das ein Skeptiker vorbringen könnte. Also muss das skeptische Argument, dass wir nichts wissen können, irgendwie falsch sein. Diese Auffassung vertrat der britische Philosoph G. E. Moore (1873–1958) in einem berühmten Aufsatz, in dem er die Existenz der äußeren Welt zu beweisen versuchte. Unsere Intuitionen könnten allerdings einfach auf Gewohnheit beruhen. Natürlich wissen wir nicht wirklich, dass wir zwei Hände haben, meinte Ludwig Wittgenstein (1889–1951). Aber es ist auch sinnlos, daran zu zweifeln. Dass wir zwei Hände haben, ist so sicher wie jedes mögliche Indiz, das man uns dafür liefern könnte. Es wäre absurd, den Anblick meiner Hände als Beweis für deren Existenz aufzufassen. Wer ernsthaft an der Existenz seiner Hände zweifelt, den halten wir im Allgemeinen für verrückt. Nach Wittgenstein wäre solch ein Mensch gar nicht mehr in der Lage, über irgendetwas nachzudenken. Die Bedeutung eines Wortes liegt für Wittgenstein in seiner Verwendung. Was ein Wort bedeutet, verstehen wir demnach erst, wenn wir wissen, wie wir es richtig gebrauchen. Ein solches »Sprachspiel« können wir aber nicht spielen, wenn wir nicht von bestimmten Tatsachen ausgehen, die wir nicht weiter hinterfragen. Solche Überzeugungen bestimmen nach Wittgenstein unser »Weltbild« – nämlich den Hintergrund, vor dem wir zwischen wahr und falsch unterscheiden. Es ist also schlicht sinnlos, an allem zu zweifeln. »Ein Zweifel ohne Ende ist nicht einmal ein Zweifel«, sagt Wittgenstein. Sicherlich kann man die Fülle der Indizien für die Erderwärmung immer weiter in Frage stellen. Das Problem ist nur: Irgendwann können die ewigen »Skeptiker« nicht mehr mit den anderen reden, sie schließen sich gleichsam selbst aus dem Sprachspiel der Wissenschaft aus. Irgendwann muss man den Zweifel aufgeben, um handeln zu können. Und wer daran zweifelt, dass er zwei Hände hat, wird am Alltag verzweifeln. Oder wie Charles S. Peirce schrieb: »Lasst uns nicht nicht vorgeben, in der Philosophie Dinge zu bezweifeln, die wir in unserem Herzen nicht bezweifeln.«

Das Muster der Dinge

Ursachen haben Wirkungen.
Aber woher wissen wir das?

Ein Ball fliegt in Richtung Fenster. Die Scheibe zerbirst. Die Ursache war also der Ball, die Wirkung die kaputte Scheibe. Wenn Bälle gegen Fensterscheiben fliegen, gehen diese zu Bruch. Aber wie können wir das wissen? Einem Ball sieht man seine zerstörerische Wirkung ja nicht an. Und genauso wenig kommen wir durch logisches Nachdenken darauf. Der schottische Philosoph David Hume (1711–1776) stellte zur Frage der Kausalität bahnbrechende Überlegungen an. Seit Aristoteles waren die Philosophen davon ausgegangen, dass überall in der Natur Vernunftprinzipien wirken. Alle Naturvorgänge sind demnach auf Zwecke gerichtet, die wir a priori, also vor aller Erfahrung erkennen können. Hume räumte mit diese Vorurteilen auf. Wir wissen zwar a priori, also vor aller Erfahrung, dass eins und eins zwei ergibt und dass Kreise rund sind. Aber wir wissen nicht a priori, welche Ursachen welche Wirkungen haben. Allerdings können wir beobachten, dass bestimmte Ereignisse regelmäßig auf bestimmte andere Ereignisse folgen – etwa dass Menschen, die rauchen, häufiger bestimmte Krankheiten bekommen. Diese Regelmäßigkeit enthüllt uns zunächst einmal nichts Neues. Aber sie verändert uns, also die Beobachter. Zwar können wir die kausale Wirkung noch immer nicht direkt wahrnehmen. Aber nun sind wir fähig, gewisse Vorhersagen zu machen, welche Ereignisse auf welche anderen Ereignisse folgen: Wann immer Sie den Wasserhahn aufdrehen, kommt Wasser heraus. Also können Sie irgendwann die Vorhersage riskieren, dass auch beim nächsten Mal, wenn Sie den Hahn aufdrehen, Wasser fließen wird. Und irgendwann werden Sie den Schluss ziehen, dass zwischen dem Aufdrehen des Hahns und dem Fließen des Wassers eine kausale Verbindung besteht. Auf der einen Seite stehen nichts als Regelmäßigkeiten – also die Beobachtung, dass ein bestimmtes Ereignis immer wieder auf ein anderes folgt. Erst unser Geist verbindet beide Ereignisse miteinander. Hume selbst meinte, dass diese Anschauung von all seinen »paradoxen Anschauungen wohl die paradoxeste ist.« Hätten die Ursachen nicht auch dann ihre Wirkung, wenn keiner dabei zuschauen oder darüber nachdenken würde? Und können wir kausale Wirkungen nicht unmittelbar beobachten? Wir sehen doch, wenn etwa ein Ball die Fensterscheibe zertrümmert! Doch die Beobachtung, dass ein Ball eine Scheibe zerstört, ist etwas anderes als die Beobachtung, wie ein Ball auf ein Fenster zufliegt, die Scheibe trifft und das Glas zersplittert. Der Unterschied liegt aber nicht darin, dass wir verschiedene Dinge wahrnehmen. Vielmehr interpretiert unser Geist die Ereigniskette nur anders. Unser Begriff von Kausalität reicht über die unmittelbare Beobachtung hinaus. Aus der Tatsache, dass der Ball die Scheibe zertrümmert hat, schließen wir auch: Wenn der Ball nicht gegen die Scheibe geflogen wäre, dann wäre sie auch nicht zerbrochen. Und das können wir nun wirklich nicht beobachten. Aber wir können es uns denken.

Zum Weiterlesen:
David Hume, *Eine Untersuchung über den menschlichen Verstand: Mit Ergänzungen aus dem »Traktat über die menschliche Natur«*, mit einem Kommentar von Lambert Wiesing, Frankfurt am Main 2007.

Pragmatisch betrachtet

Wahr ist das, was uns weiterhilft, sagen Pragmatisten. Aber ist das auch wahr?

Wahr ist, was nützlich ist, behauptete der amerikanische Philosoph und Psychologe William James (1842–1910). Da stutzt man zunächst. Unter »Wahrheit« verstehen wir doch gemeinhin eine Art Übereinstimmung mit den Tatsachen. Wahre Aussagen, so denken wir, bilden in einer bestimmten Weise die Wirklichkeit ab. Aber nun schließen Sie die Augen und versuchen Sie, sich Ihre Küchenuhr vorzustellen. Vermutlich sehen Sie vor Ihrem geistigen Auge das Ziffernblatt. Vom Innenleben der Uhr werden Sie sich hingegen kaum eine Vorstellung machen können, wenn Sie nichts von Uhren verstehen. Und noch schwerer wird es Ihnen fallen, die Funktionsweise der Uhr genau zu erklären. Kurz gesagt, Ihr Geist hat also Schwierigkeiten, die Uhr bis ins Detail zu repräsentieren. Dennoch nehmen Sie an, dieses Ding an der Wand sei eine Uhr, ohne zuvor das Innere gesehen zu haben – also ohne mit letzter Sicherheit zu wissen, dass es tatsächlich eine Uhr ist. Und Sie gebrauchen es auch als Uhr, indem Sie die Zeit davon ablesen. Genauso gebrauchen wir Geldscheine, ohne jedesmal ihre Echtheit zu verifizieren – solange bis jemand die Annahme verweigert. Nach Auffassung des Pragmatismus ist ein Urteil nicht von vornherein wahr oder falsch, sondern es wird wahr, indem es sich als nützlich erweist. Zum einen haben wahre Urteile für unser Leben natürlich großen praktischen Wert. Wenn Sie mit Beschwerden beim Arzt sind, brauchen Sie eine wahre Diagnose. Die Wahrheit ist also nützlich, weil sie wahr ist. Wahre Urteile sind aber auch wahr, weil sie sich als nützlich erweisen. Nehmen Sie wieder die Küchenuhr. Es ist einfach nützlich für Sie anzunehmen, dass dieses Ding eine Uhr ist – und keine Attrappe. Die Annahme bringt Sie nämlich weiter in Ihrem Bemühen, die Wahrheit über Ihre Küchenuhr herauszufinden. Wenn Ihre Uhr tickt wie eine Uhr, wenn sie die richtige Zeit anzeigt, kristallisiert sich immer mehr die Wahrheit heraus, dass es sich auch wirklich um eine Uhr handelt. Allerdings macht der pragmatische Wahrheitsbegriff auch Schwierigkeiten. Es gibt Gegenbeispiele. Ihre Küchenuhr könnte zum Beispiel rein zufällig die richtige Zeit anzeigen. Dann wäre es zwar wahr zu sagen, dass sie die richtige Zeit anzeigt – aber kaum sehr nützlich. Ähnlich könnte es für Sie nützlich sein zu glauben, dass Sie im Job der Beste sind – etwa weil es Ihr Selbstbewusstsein hebt –, und trotzdem könnte die Annahme schlicht und einfach falsch sein.

Zum Weiterlesen:
William James, *Pragmatismus und radikaler Empirismus*, herausgegeben und mit einem Nachwort von Claus Langbehn, Frankfurt am Main 2006.

Kaum zu glauben

Zu glauben heißt, etwas für wahr halten.
Aber woher wissen Sie, was Sie glauben können?

Angenommen, ich sage Ihnen, dass in meiner Garage ein feuerspeiender Drache wohnt. Natürlich glauben Sie mir nicht. Also führe ich Sie in meine Garage. Dort sehen Sie alles mögliche Zeug – aber keinen Drachen. Daraufhin erkläre ich Ihnen, dass es sich um einen unsichtbaren Drachen handelt. Da er keinen Körper hat, hinterlässt er auch keine Spuren. Und das Feuer aus seinem Schlund strahlt keine Wärme ab. Mit anderen Worten: Niemand kann beweisen, dass mein Drache wirklich existiert. Die Geschichte hat sich einmal der Astrophysiker Carl Sagan ausgedacht. Menschen glauben die unglaublichsten Dinge: dass sich die Erde um die Sonne bewegt, dass es ein allmächtiges Wesen gibt oder eine Vielzahl von Universen. Wir glauben, was wir in den Nachrichten hören, was Freunde erzählen oder was im Internet steht. Und manche glauben sogar an übersinnliche Fähigkeiten oder an Begegnungen mit Außerirdischen. Als der Physiknobelpreisträger Niels Bohr einmal von einem Besucher gefragt wurde, warum in seinem Büro ein Hufeisen hänge, antwortete er scherzhaft: Natürlich sei er nicht abergläubisch – doch er habe gehört, Hufeisen brächten auch jenen Glück, die nicht an ihre Wirkung glaubten.

Etwas zu glauben heißt, es für wahr zu halten. Wer glaubt, dass es draußen regnet, der nimmt an, dass dies wirklich der Fall ist. Was wir wissen, das glauben wir auch. Aber wir können etwas auch glauben, ohne es zu wissen. Ein Glaube kann auch falsch sein. Wissen hingegen können wir nur, was den Tatsachen entspricht. Aber nicht jeder wahre Glaube ist auch schon Wissen. Schließlich könnte ich ja auch zufällig das Richtige glauben. Wissen heißt also, für einen wahren Glauben auch die richtigen Gründe zu haben. Ein Glaube oder eine Überzeugung kann wahr oder falsch sein, begründet oder völlig irrational. Er kann an Gewissheit grenzen, aber auch vage sein wie eine Ahnung.

Manche Überzeugungen verwerfen wir binnen Sekunden. Andere behalten wir ein Leben lang. Und ständig müssen wir entscheiden, was wir glauben sollen und was nicht. Ohne zu glauben, könnten wir gar nicht überleben. Wir könnten weder planen noch entscheiden, wir wären unfähig zu handeln. Erst der Glaube verbindet uns mit der Wirklichkeit. Er sei unser Realitätssinn, meinte der amerikanische Psychologe und Philosoph William James. Wenn wir einem Objekt reale Existenz zuschreiben, sagt James, stehen wir ihm nicht gleichgültig gegenüber, sondern aktiv und interessiert. Etwas zu glauben, das ist allerdings keine Tätigkeit wie Lesen, Schreiben und Rechnen. Wir können nicht einen Nachmittag damit zubringen, etwas zu glauben. Eine Überzeugung kann ich nur haben – wie eine Haltung, eine Fähigkeit oder eine Neigung. Eine Überzeugung sei eine Disposition, auf bestimmte Weise auf etwas zu reagieren, meinte der amerikanische Philosoph Willard Van Orman Quine (1908–2000): »Zu glauben, dass Hannibal die Alpen überquert hat, heißt geneigt zu sein, mit Ja zu antworten, wenn man danach gefragt wird.« Auch wenn Sie gerade nicht daran denken, glauben Sie vermutlich, dass die Erde rund ist. Was wir glauben, ist uns oft gar nicht bewusst. Vermutlich glauben Sie, dass Flusspferde nicht fliegen können, auch wenn Sie noch nie darüber nachgedacht haben. David Hume verstand unter einem Glauben »die Vorstellung eines Gegenstandes, die lebhafter, lebendiger, stärker, fester und beständiger ist als alles, was die Einbildungskraft allein erreichen kann«. Was wir glauben, hat einfach mehr Gewicht, mehr Bedeutung für uns als eine bloße Fantasie. Ein Glaube ist also ein intentionaler geistiger Zustand, er handelt von etwas in der Welt. Wenn ich glaube, dass es draußen regnet, dann repräsentiert mein Glaube die Tatsache, dass es draußen regnet.

Zusammen mit anderen geistigen Zuständen wie Wünschen oder Intentionen liefert uns ein Glaube Handlungsgründe: Wenn ich glaube, dass es draußen regnet, werde ich möglicherweise einen Regenschirm mitnehmen. Zugleich haben wir aber auch Gründe, etwas zu glauben oder es auch nicht zu glauben.

Vielleicht hat Ihnen jemand etwas erzählt. Vielleicht haben Sie es im Internet gelesen. Der Grund, warum wir etwas glauben, muss allerdings kein Beweis dafür sein, dass der Glaube auch wahr ist. Vielleicht haben Sie in der Nacht ein Motorengeräusch gehört und glauben nun, dass Ihr Nachbar nach Hause gekommen ist. Aber den ersten Beweis, dass Ihr Glaube auch wahr ist, haben Sie erst, wenn Sie das Auto des Nachbarn vor der Tür stehen sehen. Auch Wünsche, Ängste oder Hoffnungen können beeinflussen, was wir glauben. Aber sie beweisen nicht, dass der Glaube auch wahr ist. Wünschen kann ich mir alles Mögliche. Auch wenn Sie also gern den Drachen in meiner Garage sehen würden, sollten Sie mir nicht ohne weiteres glauben, dass da wirklich einer ist. Aber wie gesagt: Ich könnte es Ihnen jederzeit beweisen!

Zum Weiterlesen:
Willard Van Orman Quine / J. S. Ullian, *The Web of Belief*, New York 1978.

Gehirn im Tank

Woher wissen Sie eigentlich,
dass die Welt überhaupt existiert?

Stellen Sie sich vor, Sie sehen einen Baum. Was macht Sie so sicher, dass Sie das nicht nur träumen? Was Sie für die Wirklichkeit halten, könnte eine einzige Halluzination sein, die sich nur in Ihrem Bewusstsein abspielt. Ein böser Dämon, so überlegte schon Descartes, könnte uns alles nur vorgaukeln. Schließlich haben Sie ja nichts als Ihre Eindrücke und Erlebnisse – und Sie wissen nicht, ob dahinter etwas existiert. Sicher könnten Sie sich kneifen, aber selbst der Schmerz ginge wiederum in Ihrem Inneren vor sich. Welches Beweismaterial auch immer Sie heranziehen: Über Ihre Bewusstseinsinhalte kommen Sie nicht hinaus. Womöglich gibt es weder Erde noch Menschen, und weder haben Sie Körper noch Gehirn. Die ganze physische Welt könnte nichts als eine Illusion sein. Vielleicht gibt es überhaupt nichts außerhalb Ihres Bewusstseins. Und genau genommen können Sie nicht einmal sicher sein, dass Sie schon vor dem Zeitpunkt, an dem Sie dies hier lesen, existiert haben. Vielleicht halluzinieren Sie auch Ihre Erinnerungen – und in Wahrheit existieren Sie erst seit wenigen Minuten. Stellen Sie sich zum Beispiel vor, Sie sind nichts als ein Gehirn, das in einem Tank mit einer Nährlösung steckt. Die Nervenenden sind verbunden mit einem Supercomputer, der Ihr Gehirn, so stimuliert, als würden Sie ganz normal die Außenwelt erleben. Sie sehen also Bäume, Menschen und so weiter – doch alle ihre »Erlebnisse« werden nur von dem Computerprogramm hervorgerufen. Wenn Sie also glauben, dass Sie einen Baum sehen, sind Sie leider im Irrtum. Es gibt diesen Baum nicht. Die Frage ist nun: Was macht Sie so sicher, dass Sie kein Gehirn in einem Tank sind? Das Gedankenexperiment hat sich der US-amerikanische Philosoph Hilary Putnam ausgedacht. Es soll zeigen, dass wir nicht sinnvoll glauben können, wir seien nur Gehirne in einem Tank. Nach Putnam widerlegt sich die Annahme nämlich selbst: Falls wir tatsächlich Gehirne in einem Tank wären, könnten wir nicht einmal sagen, dass wir es sind. Stellen Sie sich dazu vor, dass wir alle Gehirne in einem Tank sind – und eine Art kollektive Halluzination vorgespiegelt bekommen. Wenn Sie also die Halluzination haben, dass ich mit Ihnen spreche, dann habe ich die Halluzination, dass Sie mit mir sprechen. Nun könnten wir Gehirne im Tank etwa das Wort »Baum« benutzen – und zwar genauso, wie wir es benutzen würden, wenn es tatsächlich Bäume gäbe. Die Frage ist nun: Worauf bezieht sich dann der Gedanke »Vor mir steht ein Baum«? Offensichtlich nicht auf wirkliche Bäume, da in dieser Welt ja keine wirklichen Bäume existieren, sondern auf das Erlebnis, das der Computer in Ihrem Vorstellungsbild hervorgerufen hat. Als Gehirn im Tank haben Sie zwar recht, wenn Sie sagen »Vor mir steht ein Baum«, sofern Sie tatsächlich die Halluzination eines Baums haben. Doch der Begriff »Baum« hat keinen außersprachlichen Bezug, da es eben keine realen Bäume gibt – und nach Putnam daher auch keine Bedeutung. Genauso wenig würde sich aber das Wort »Tank« auf wirkliche Tanks beziehen. Wenn Sie also sagen »Ich bin ein Gehirn im Tank«, dann meinen Sie damit eigentlich, dass Sie ein Gehirn in einem Tank in Ihrer Vorstellung sind. Aber zur Annahme, dass Sie ein Gehirn in einem Tank sind, gehört natürlich, dass Sie tatsächlich ein Gehirn in einem Tank sind – und das nicht bloß halluzinieren. Die Annahme, wir seien Gehirne in einem Tank, widerlegt sich also selbst: Wenn wir Gehirne im Tank sind, dann muss der Satz »Ich bin ein Gehirn im Tank« falsch sein. Und daraus wiederum folgt, dass wir keine Gehirne im Tank sind. Insofern hat der Anblick eines Baums etwas sehr Beruhigendes. Wenn der Baum wirklich da steht, sind Sie kein Gehirn im Tank. Und wenn er nur eine Halluzination ist, dann sind Sie es auch nicht.

Zum Weiterlesen:
Hilary Putnam, *Vernunft, Wahrheit und Geschichte*, Frankfurt am Main 1990.

Aus Mangel an Gegebenheit

Unsere Sinnesdaten sind uns unmittelbar gegeben – und eine Grundlage aller Erkenntnis. Das glaubten die Philosophen jahrhundertelang. Ein Irrtum?

Angenommen, Sie wollen eine rote Krawatte kaufen. Im Laden finden Sie eine, die Ihnen besonders gut gefällt. Aber woher wissen Sie, dass die Krawatte rot ist? »Das sehe ich doch«, werden Sie sagen. Sie haben also einen bestimmten Sinneseindruck. Und dieser Sinneseindruck sagt Ihnen: Die Krawatte ist rot. Zwar können Sie sich darin irren, dass die Krawatte tatsächlich rot ist. Aber Sie können sich nicht darin irren, dass sie Ihnen rot erscheint. Denn selbst wenn es Ihnen nur so erschiene, als ob Ihnen die Krawatte rot erschiene, läuft das darauf hinaus, dass Ihnen die Krawatte wirklich rot erscheint. Mit anderen Worten: Wenn Ihnen die Krawatte rot erscheint, dann wissen Sie auch, dass Sie Ihnen rot erscheint. Wie auch immer uns die Welt erscheint: Wir wissen zumindest, dass sie uns so erscheint – und zwar ohne dass wir dazu irgendwelche Überlegungen anstellen müssten. Die Erscheinung kann uns gewiss täuschen. Aber wir können uns nicht darüber täuschen, dass uns die Dinge so erscheinen, wie sie uns erscheinen. René Descartes sah darin eine sichere Grundlage aller Erkenntnis. Und die »logischen Positivisten« glaubten sogar, dass alles Wissen letztlich auf Sinnesdaten zurückgeführt werden kann, die uns unmittelbar bewusst oder »gegeben« sind – also ihrerseits keinerlei begriffliches Wissen voraussetzen. Aber wie können Sie wissen, dass Ihnen eine Krawatte rot erscheint, wenn Sie nicht wissen, was »rot« ist? Das war eine der Überlegungen des US-amerikanischen Philosophen Wilfrid Sellars (1912–1989).

Stellen Sie sich vor, Müller arbeitet in einem Krawattengeschäft. Die Verwendung von Farbwörtern hat er ganz normal gelernt. Doch die Krawatten hat er noch nie außerhalb des Ladens gesehen. Eines Tages wird eine neuartige Beleuchtungstechnik eingeführt. Eine der Folgen ist allerdings, dass Dinge, die in Wirklichkeit blau sind, unter dem neuen Licht plötzlich grün erscheinen. Die Menschen wissen das und haben gelernt, mit den Tücken der neuen Technik umzugehen. Nur Müller hat von all dem nichts mitbekommen. Eines Tages betritt Maier den Laden, um eine Krawatte zu kaufen. »Hier hätten wir eine grüne«, sagt Müller. Doch Maier protestiert: Die Krawatte erscheine doch nur im Laden grün, in Wirklichkeit sei sie blau. Also geht er mit Müller nach draußen, um ihm zu beweisen, dass die Krawatte tatsächlich blau ist. Müller ist verwirrt. Als er Tage später nach der Farbe der gleichen Krawatte gefragt wird, sagt er einfach, dass sie blau sei – obwohl sie ihm natürlich wieder grün erscheint. Er berichtet also nicht, was er sieht, sondern zieht eine Schlussfolgerung. Später steigt er um auf eine andere Standardantwort: »Die Krawatte sieht grün aus, aber gehen Sie nach draußen und sehen Sie selbst.« Zwar berichtet er, was er sieht – und darin kann er sich tatsächlich nicht irren. Aber er legt sich eben nicht fest. Im Lauf der Zeit lernt Müller, mit seinem »Farbproblem« clever umzugehen. Wenn ihn jemand fragt, warum die Krawatte im Laden grün aussieht, wird er sagen: »Weil sie in Wirklichkeit blau ist und blaue Dinge in diesem Licht grün erscheinen.« Genauso gut könnte ihn aber jemand auf der Straße fragen, warum eine Krawatte grün aussieht. Dann könnte er antworten: »Weil die Krawatte grün ist – und Dinge bei Tageslicht nun mal so aussehen, wie sie sind.« Um zu wissen, wann etwas »grün« aussieht, müssen Sie also wissen, unter welchen Bedingungen Dinge grün sind. Mit anderen Worten, Sie müssen über einen Begriff »Grün« verfügen. Wenn Sie also das nächste Mal eine Krawatte kaufen, sollten Sie damit unbedingt nach draußen gehen, bevor Sie einfach so behaupten, dass Ihnen die Krawatte grün erscheint.

Zum Weiterlesen:
Wilfrid Sellars, *Der Empirismus und die Philosophie des Geistes*, Paderborn 1999.

Alles relativ?

Es gibt keine absoluten Wahrheiten, sagen die Relativisten. Aber kann diese Behauptung wahr sein?

Alles ist subjektiv. Der eine glaubt dieses, der andere jenes. Alle Meinungen sind irgendwie gleich, kein Standpunkt ist richtiger als der andere. Es gibt keine absoluten Wahrheiten – und keine höhere Autorität, die darüber entscheidet, was richtig ist und was falsch. Andere Gesellschaften haben eben andere Ansichten und Maßstäbe als wir, und was wahr ist, hängt vom jeweiligen Bezugssystem ab. Das ist die Position des Relativisten. Der Sophist Protagoras forderte Sokrates einmal mit der Behauptung heraus, der Mensch sei das »Maß aller Dinge«. Aber diese Behauptung, so entgegnete Sokrates, führt sich selbst ad absurdum: Wenn nämlich niemand daran glaubt, dann ist auch die Behauptung falsch, dass der Mensch das »Maß aller Dinge« ist.

Viele Philosophen glauben heute, dass sich der Relativismus selbst widerlegt. So darf ein Relativist seine eigene Position schon einmal nicht vom Status ausnehmen, den er anderen Positionen zuschreibt. Ich kann also nicht behaupten, dass jede Überzeugung subjektiv ist – ausgenommen meine Überzeugung, dass jede Überzeugung subjektiv ist. Wenn ich sage »X ist nur für mich wahr«, dann fragt sich natürlich, ob auch diese Behauptung selbst nur für mich wahr ist. Statt zu sagen: »Ich denke, dass Schnee weiß ist« müsste ich eigentlich sagen: »Ich denke, dass ich denke, dass Schnee weiß ist«. Und so weiter. Ein konsequenter Relativist müsste also seine Behauptung, dass X relativ ist, seinerseits relativieren. Aber was hätte das zu bedeuten? Welchen Sinn hätte es dann überhaupt noch, irgendetwas zu behaupten?

Schon die Behauptung »Alles ist subjektiv« ist offenbar unsinnig. Denn entweder ist sie selbst subjektiv oder objektiv. Doch wenn sie objektiv ist, dann ist eben nicht alles subjektiv. Die Aussage »Alles ist subjektiv« wäre also falsch, wenn sie wahr wäre. Andererseits kann die Aussage aber auch nicht subjektiv sein, dann dann wäre nicht ausgeschlossen, dass es doch objektive Aussagen gibt – wie nicht zuletzt die objektive Aussage, dass die Behauptung »Alles ist subjektiv« falsch ist.

Wenn alles relativ ist, dann ist auch das Relative relativ. Ein Relativist könnte zum Beispiel folgende These vertreten: »Eine Aussage ist dann und nur dann wahr, wenn sie nach den Normen einer bestimmten Kultur behauptbar ist.« Laut dem amerikanischen Philosophen Hilary Putnam ist dieser Satz jedoch selbst nicht nach den Normen dieser Kultur behauptbar. Schließlich können wir mit unseren Behauptungen ja alle falsch liegen. Und in einem autoritären Staat könnte es sein, dass wir gar keine »wahren Behauptungen« aufstellen dürfen. Die relativistische Doktrin ist offenbar nach ihren eigenen Maßstäben unwahr. Jeder radikale Relativismus scheitert also letztlich am eigenen Wahrheitsanspruch: Entweder der Relativismus ist allgemein wahr, oder nur relativ zu einem bestimmten Bezugssystem – etwa einer Kultur, einer Sprache oder einem Individuum. Wenn der Relativismus allgemein wahr ist, dann widerlegt er sich selbst. Gilt er hingegen selbst nur relativ, dann gibt es offenbar auch genügend Bezugssysteme, in denen er einfach falsch ist – und dann braucht man sich darum nicht weiter zu kümmern.

Mögliche Welten

In möglichen Welten kann alles Mögliche passieren. Aber existieren sie wirklich?

Stellen Sie sich eine Welt vor, in der Elvis noch lebt. In der Autos fliegen können – und Dinosaurier Städte bauen. Diese Welt existiert natürlich nicht. Aber sie könnte existieren. Philosophen sprechen von sogenannten »möglichen Welten«. Wir sprechen oft darüber, was möglich ist oder möglich gewesen wäre. Zwar sind Sie (wahrscheinlich) nicht der Papst. Aber es wäre möglich, dass Sie der Papst sind. Also gibt es eine mögliche Welt, in der Sie tatsächlich der Papst sind. Genau so, wie es mögliche Welten gibt, in der überhaupt keine Menschen existieren. Eine mögliche Welt unterscheidet sich von der tatsächlichen also in verschiedenen Aspekten. Die Idee geht zurück auf den Philosophen Gottfried Wilhelm Leibniz im 17. Jahrhundert. Leibniz glaubte, dass Gott unsere Welt aus unendlich vielen möglichen Welten ausgewählt hat. Und da Gott natürlich die beste Welt ausgesucht hat, muss unsere Welt auch die beste aller möglichen Welten sein. In der modernen Philosophie benutzt man das Konstrukt der möglichen Welten, um schwierige Begriffe zu analysieren. Eine notwendige Wahrheit ist eine, die in allen möglichen Welten gilt. So ist $2 + 2 = 4$ in allen möglichen Welten wahr, es gibt also keine Welt, in der die Gleichung nicht stimmt. Ebenso ist Wasser in allen möglichen Welten H_2O. Andererseits gibt es sicherlich mögliche Welten, in denen Aristoteles nicht der Lehrer von Alexander dem Großen war. Der Satz »Notwendigerweise war Aristoteles der Lehrer von Alexander dem Großen« ist also falsch. Der Satz ist nur »kontingent« wahr, es könnte also auch anders gewesen sein. Eine Proposition, also den Gehalt eines Satzes, kann man als Menge von möglichen Welten auffassen. Der Gehalt des Satzes »Autos fliegen« ist dann jene Menge möglicher Welten, in denen Autos tatsächlich fliegen können. Der US-Philosoph David Lewis meinte, dass wir eine Eigenschaft wie Rot als Menge von möglichen Einzeldingen verstehen können – nämlich all jener Einzeldinge in allen möglichen Welten, auf die das Prädikat »ist rot« zutrifft. Lewis war sogar der Auffassung, dass wir mögliche Welten für real halten müssen. Mit Hilfe möglicher Welten kann man auch gegen die »Identitätsthese« argumentieren – also gegen die Vorstellung, dass geistige Vorgänge identisch mit Hirnprozessen sind. Der amerikanische Philosoph Saul Kripke bekämpfte sie mit folgendem Argument: Angenommen, geistige Zustände wären tatsächlich mit Hirnzuständen identisch. Dann wäre also etwa Schmerz nichts anderes als das »Feuern von C-Fasern«, also ein bestimmter neuronaler Zustand. Nach Kripke muss jede Identität »notwendig wahr« sein, also in jeder möglichen Welt gelten. Nun kann man sich aber leicht eine Welt vorstellen, in der es Schmerz gibt, der nicht auf dem Feuern von C-Fasern beruht. Und umgekehrt könnten in dieser Welt C-Fasern feuern, ohne dass dies auch nur irgendetwas mit Schmerzen zu tun hätte. Das Gleiche gilt natürlich nicht nur für Schmerzen, sondern für jede Art von geistigem Zustand. Daraus folgt für Kripke, dass geistige Zustände mit Hirnzuständen nicht notwendig identisch sind – und das wiederum heißt: Sie sind voneinander verschieden. Bei all dem fragt sich natürlich, von welcher Beschaffenheit die möglichen Welten sind: Handelt es sich um bloße Gedankenkonstrukte – oder sind sie tatsächlich real? Anhänger der sogenannten Viele-Welten-Interpretation der Quantenphysik glauben tatsächlich, dass alle diese Welten wirklich existieren. Nach der Quantenphysik befindet sich jedes Teilchen in mehreren Zuständen zugleich. Erst mit einer Messung zwingt man es gleichsam dazu, sich für einen bestimmten Zustand zu entscheiden. Doch bis heute wissen die Physiker nicht, warum es das tut. Nach der Viele-Welten-Theorie verwirklicht das Teilchen tatsächlich alle möglichen Zustände – jedoch in verschiedenen Universen. So betrachtet gibt es tatsächlich Welten, in denen Elvis noch lebt, die Dinosaurier Städte bauen – und wo Sie der Papst sind. Diese Welten können wir aber genauso wenig besuchen wie jene möglichen Welten, von denen die Philosophen reden. Das aber wirft wiederum eine philosophische Frage auf: Wenn wir diese Welten nie besuchen können – wie können wir dann wissen, dass sie tatsächlich existieren?

Zum Weiterlesen:
Saul Kripke, *Name und Notwendigkeit*,
Frankfurt am Main 2005.

Ein großer Zwerg mit Glatzkopf und vollem Haar

Wie man beweisen kann, dass groß und klein das Gleiche ist – und was das mit schlechten Argumenten zu tun hat

Angenommen, Sie werden Zeuge eines Raubüberfalls. Der Polizei beschreiben Sie den Täter so: »Der Mann war groß.« Etwas genauer, bitte, sagt der Ermittler. Sehr groß oder mittelgroß? Wo würden Sie die Grenze ziehen zwischen »groß« und »klein«? Die Beschreibung »groß« ist offenbar vage. Zwar glauben wir zu wissen, was »groß« bedeutet. Aber es gibt Fälle, in denen wir nicht genau sagen können, ob jemand »groß« ist oder nicht – und zwar verblüffenderweise auch dann, wenn wir die Körpergröße eigentlich exakt kennen. Dahinter verbirgt sich eine alte philosophische Paradoxie. Angenommen, zwei Personen unterscheiden sich in der Körpergröße um einen Millimeter. Nun würden wir doch denken, dass entweder beide groß oder beide klein sind. Aber diese Prämisse führt zu einer absurden Schlussfolgerung. Nehmen wir etwa an, jemand mit einer Körpergröße von 1,90 Metern sei groß. Nach der Prämisse wäre dann auch jemand groß, der nur 1,89 Meter und 9 Millimeter misst. Dann müssten wir aber, wiederum aufgrund der Prämisse, auch eine Person als groß bezeichnen, die noch einen Millimeter kleiner ist. Und so weiter. Schließlich gelangt man zu dem absurden Schluss, dass überhaupt jede Person groß ist. Ähnlich kann man auch »beweisen«, dass zwischen »schwarz« und »weiß« kein Unterschied besteht – oder dass eine Glatze eigentlich das Gleiche ist wie volles Haar. Paradoxien dieser Art heißen Sorites-Paradoxien, nach dem altgriechischen Wort *sorós* für Haufen. Schon in der Antike grübelten die Philosophen über folgendem Problem: Angenommen, man hat einen Sandhaufen. Entfernt man ein Sandkorn, so bleibt er offenbar immer noch ein Haufen. Das scheint unbestreitbar zu sein, schließlich macht ein einziges Sandkorn nicht den Unterschied zwischen einem Haufen und einem »Nicht-Haufen«

aus. Nimmt man nun ein weiteres Sandkorn weg, so bleibt laut Annahmen immer noch ein Haufen übrig. Am Ende ist also jede Ansammlung von Sandkörnern ein Haufen – auch wenn sie nur aus einem einzigen Korn besteht. Offenbar läuft bei allen diesen Gedankengängen etwas schief. Aber was genau? Es hat mit dem Problem der Vagheit zu tun. Wir können nicht empirisch entscheiden, ob eine 1,75 Meter große Person »groß« ist oder nicht, sofern wir uns nicht auf bestimmte Kriterien beziehen. Das wirft eine naheliegende Frage auf: Liegt die Vagheit in unseren Begriffen – oder ist die Welt selber vage? Viele Philosophen halten Vagheit für ein semantisches Problem. Bei einem vagen Begriff steht nach dieser Ansicht nicht fest, ob er sich überhaupt auf Gegenstände bezieht. Die Vagheit kann dabei im Prinzip von den Begriffen herrühren – oder von den Gegenständen selbst. Berge oder Wolken zum Beispiel haben keine scharfen Begrenzungen. Aber sind sie deshalb vage? Wir könnten ja auch das Wort »Berg« vermeiden und Berge einfach mit Hilfe von Höhenlinien beschreiben. Genauso gut könnte man auf das Wort »Haufen« verzichten und stattdessen die Anzahl der Körner bestimmen, die eine bestimmte Ansammlung enthält. Vagheit wäre demnach keine Eigenschaft der Wirklichkeit, sondern ein durch und durch sprachliches Phänomen. Andere betrachten Vagheit als eine Form von Unwissen. Begriffe wie »groß« sind demnach durchaus präzise. Irgendwo gibt es eine Grenze zwischen »groß« und »klein«, aber wir wissen einfach nicht genau, wo sie verläuft. Aus dieser Sicht muss man die Prämisse der Sorites-Paradoxie ablehnen: Wenn eine Ansammlung von »n« Sandkörnern ein Haufen ist, dann heißt das eben keineswegs, dass auch eine Ansammlung von »n-1« Sandkörnern ein Haufen ist. Irgendwo liegt die Grenze zwischen Haufen und Nicht-Haufen oder zwischen »groß« und »klein« – wir wissen nur nicht, wo. Diese »epistemische« Theorie klingt aber irgendwie unplausibel. Warum sollten unsere Begriffe ihre Gegenstände so genau bestimmen können? Und wenn es Grenzlinien wie die zwischen »groß« und »klein« gibt, warum sollten wir dann nicht in der Lage sein, diese

Grenzen genau zu bestimmen? Es gibt eine weitere Strategie, um die Haufen-Paradoxie aufzulösen. Im alltäglichen Leben sagen wir mitunter, irgendetwas sei »bis zu einem gewissen Grade wahr«. Es stimmt also nicht ganz, aber es ist auch nicht falsch. Nimmt man verschiedene Wahrheitsgrade an, verschwindet die Haufenparadoxie. Wenn nämlich eine Ansammlung mit 100 Körnern ein Haufen ist, dann ist es eine Ansammlung von 99 Körnern schon nicht mehr ganz – und mit jedem weiteren Schritt sinkt auch der Wahrheitsgrad der Behauptung, dass es sich um einen Haufen handelt. Eine andere Möglichkeit wäre zu bestreiten, dass Aussagen über Grenzfälle überhaupt wahr oder falsch sein können. Zwar wünschen wir uns Präzision. Oft haben wir jedoch einfach nicht genug Informationen, um exakte Aussagen zu treffen. In unserer Kommunikation spielen vage Begriffe deshalb eine wichtige Rolle. Allerdings kann Vagheit auch zu gefährlichen Fehlschlüssen führen. Gedankengänge dieser Art bezeichnet man als »Schiefe-Ebene« oder »Dammbruchargumente«. Die Idee dahinter ist immer, dass ein kleiner erster Schritt eine Art Dominoeffekt nach sich zieht: Lässt man etwa eine Ausnahme von der Regel zu, dann muss man auch die nächste zulassen – bis sich am Ende überhaupt niemand mehr an die Regel hält. Argumente dieser Art laufen formal auf etwas Ähnliches wie die Haufenparadoxie hinaus. Rein logisch scheinen sie schlüssig zu sein: Wenn A zu B führt, B zu C und C zu D und so weiter, dann führt A schließlich zu Z. Diesen Schluss kann man allerdings nur ziehen, wenn die einzelnen Prämissen gerechtfertigt sind – und genau darin liegt die Schwachstelle vieler einschlägiger Argumente. Rhetorisch bekämpft man sie manchmal am besten, indem man einfach erklärt: Mit einem Argument dieser Art ließe sich auch zeigen, dass jeder Mensch groß ist – und ein einzelnes Korn ein ganzer Haufen!

Zum Weiterlesen:
R. M. Sainsbury, *Paradoxien*, Stuttgart 2010.

Die Tücken der Generalisierung

Was immer grün war, das wird auch weiterhin grün sein. Doch das Prinzip der Induktion funktioniert nicht immer

Angenommen, Sie werden Mitglied in einem Fitness-Studio. Am Empfangstresen gibt man Ihnen ein rotes Handtuch. Beim nächsten Besuch bekommen Sie wieder ein rotes Handtuch. Irgendwann werden Sie zum Schluss kommen, dass es in diesem Studio offenbar nur rote Handtücher gibt. Das ist das Prinzip der Induktion, es findet sich bereits bei Aristoteles. Zwar können Sie nie ganz sicher sein, dass das Studio nicht eines Tages auf Handtücher einer andere Farbe umsteigt. Aber Ihre Beobachtungen scheinen den Schluss zu rechtfertigen. Das Prinzip der Induktion benutzen wir ständig. Wir ziehen Schlüsse aus unseren Erfahrungen. Dabei nehmen wir an, dass sich ähnliche Dinge auch in Zukunft ähnlich verhalten werden. Die Zahnpasta wird auch morgen noch aus der Tube kommen. Und was in der Vergangenheit grün war, wird auch in Zukunft grün sein. Allerdings hat das Induktionsprinzip seine Tücken. Eine davon hat der amerikanische Philosoph Nelson Goodman (1906–1998) aufgedeckt. Er stellte ein Gedankenexperiment an, bei dem es um die Farbe von Smaragden geht. Die hypothetische Annahme lautet: Eine Vielzahl von Smaragden wurde auf ihre Farbe getestet. Bislang waren alle grün. Nach dem Induktionsprinzip würden wir erwarten, dass auch der nächste Smaragd grün ist. Nun erfinden wir eine neue Eigenschaft, nämlich »grot«. Die Definition von »grot« ist etwas kompliziert: Ein Smaragd ist »grot«, wenn er vor Mitternacht grün oder nach Mitternacht rot ist. Alle bisherigen Smaragde wurden vor Mitternacht gefunden und haben sich als grün erwiesen. Damit sind sie nach der neuen Definition auch »grot«. Also würden wir annehmen, dass der nächste Smaragd sowohl grün als auch »grot« ist. Dieser Smaragd wird aber nach Mitternacht gefunden. Welche Schlüsse ziehen wir nun aus unseren Erfahrungen? Einerseits erwarten wir, dass der Smaragd grün ist wie alle bisherigen. Zugleich nehmen wir aber an, dass auch der nach Mitternacht untersuchte Smaragd »grot« ist, weil alle bisherigen Smaragde »grot« waren. Um »grot« zu sein, muss er allerdings rot sein. Aber warum soll ein Smaragd plötzlich rot sein, nachdem alle bisher untersuchten Smaragde grün waren? Offenbar lassen sich nicht alle Eigenschaften per Induktion in die Zukunft projizieren. Beim Begriff »grün« wissen wir genau, was gemeint ist. Das Merkmal »grot« hingegen können wir nicht beobachten. Zum Glück sieht es so aus, als lebten wir in einer Welt, in der die Smaragde grün sind und die auch sonst einer vorhersagbaren Ordnung folgt. Das könnte auch anders sein. Dann wäre das Leben ziemlich verwirrend.

Zum Weiterlesen:
Nelson Goodman, *Tatsache, Fiktion, Voraussage*, mit einem Vorwort von Hilary Putnam, Frankfurt am Main 1988.

Ich bin vollkommen, also existiere ich!

Kann man aus dem Begriff Gottes auf seine reale Existenz schließen?

Glauben Sie, dass der perfekte Partner existiert – und zwar nicht nur in Ihrer Fantasie, sondern in der Wirklichkeit? Falls Sie nun die Stirn runzeln: Ich kann es Ihnen beweisen. Stellen Sie sich eine Person vor, die alle erdenklichen wünschenswerten Merkmale besitzt – plus jenes, dass sie tatsächlich existiert. Nehmen wir einmal an, Ihr Traumpartner wäre nur eine Fantasie. Dann könnte er gar nicht perfekt sein. Es gäbe dann nämlich einen Menschen, der noch perfekter wäre – nämlich jemanden, der auch existiert. Und das wäre ein Widerspruch. Bevor Sie jetzt eine Anzeige in einer Partnerbörse aufgeben: Natürlich ist an dem Beweis etwas faul. Man kann den perfekten Partner nicht einfach ins Dasein zaubern. Aber wo genau liegt der Fehler?

Die »Beweismethode« geht zurück auf den Benediktinermönch und Bischof Anselm von Canterbury (1033–1109), einen der großen Denker des Mittelalters. Allerdings ging es ihm nicht um Partnersuche, sondern um das Fundament des Christentums. Sein »ontologischer Gottesbeweis« beschäftigt die Philosophen bis heute. Und das ist Anselms scharfsinniges Argument: Wir haben einen Begriff von Gott. Also existiert Gott in unserem Verstand. Angenommen nun, Gott existiert nur in unserem Verstand und nicht in Wirklichkeit. Dann müsste es ein Wesen geben, das größer ist als Gott – nämlich eines, das auch noch wirklich existiert. Nun ist Gott aber seinem Begriff nach bereits dasjenige Wesen, über das hinaus nichts Größeres gedacht werden kann. Also kann kein größeres Wesen gedacht werden als Gott. Aber das führt zu einem Widerspruch zur ursprünglichen Annahme, dass Gott nur im Verstand existiert. Und das wiederum bedeutet: Gott muss auch in Wirklichkeit existieren. Anselms Argument wurde schon im Mittelalter angegriffen. Denn würde es stimmen, so meinte etwa ein Mönch namens Gaunilo, dann könnte man die Existenz aller möglichen Fantasiegebilde beweisen. Dann müsste etwa auch eine vollkommene Insel in Wirklichkeit existieren, einfach nur weil man sie sich denken kann. Eine unerfreuliche Konsequenz wäre zudem: Wenn das vollkommen Gute existieren muss, dann existiert natürlich auch das vollkommen Böse. In jedem Fall würde der »Beweis« genauso funktionieren. Offenbar kann man aus einer Definition allein nicht auf die reale Existenz schließen. Aber was genau ist falsch an dem Argument? Immanuel Kant hatte folgende Erklärung: Existenz ist keine Eigenschaft wie »rot« oder »schön«, die einem Ding zukommen kann. Der Satz »Gott ist allwissend« enthält ein solches Prädikat, nämlich »allwissend«. Der Satz »Gott existiert« hat hingegen kein Prädikat. Zu sagen, dass ein Ding existiert, fügt dem Begriff von diesem Ding nichts hinzu. Das ist so, als würde man behaupten: »Ein existierender 100-Euro-Schein ist wertvoller als ein nichtexistierender 100-Euro-Schein«. In gewissem Sinne stimmt das natürlich, weil ein 100-Euro-Schein, der nicht existiert, auch nichts wert ist. Andererseits ist der Satz falsch. Denn es gibt eben keinen Unterschied zwischen einem realen 100-Euro-Schein und einem 100-Euro-Schein in meiner Vorstellung – beides sind 100-Euro-Scheine. Wenn wir sagen, dass der 100-Euro-Schein existiert, dann sagen wir damit nichts Neues über 100-Euro-Scheine – wir stellen vielmehr fest, dass 100-Euro-Scheine reale Objekte in dieser Welt sind. Mit anderen Worten: Wir können ein Ding – und sei es ein vollkommenes Wesen – nicht einfach »in die Welt denken«. Dass es wirklich existiert, können wir nur durch Erfahrung feststellen. Aber wenn Existenz keine Eigenschaft von Dingen ist – was ist sie dann? Der Logiker Gottlob Frege (1848–1925) verglich den Begriff der Existenz mit unserem Gebrauch von Zahlwörtern. Der Satz »Ich habe zwei Pullover« ähnelt auf den ersten Blick dem Satz »Ich habe rote Pullover.« Man könnte nun denken, dass die Begriffe »zwei« und »rot« beide etwas über meine Pullover aussagen. Doch das führt offenbar in die Irre: Denn nach dem ersten Satz ist jeder meiner Pullover »rot«, aber der zweite Satz besagt nicht, dass jeder meiner Pullover »zwei« ist – sondern eben dass die Anzahl meiner Pullover zwei beträgt. Nach Frege sind Zahlen keine Eigenschaften von realen Dingen, sondern von Begriffen. Wenn ich sage »Ich habe zwei Pullover«, dann heißt das nichts anderes, als dass der Begriff »mein Pullover« genau zwei Objekte umfasst. Dass ein Ding existiert, bedeutet dann einfach nur, dass unter seinen Begriff mindestens ein Ding fällt. Existenz ist also eine Eigenschaft, die wir Begriffen zuordnen. Der »ontologische Gottesbeweis« verwechselt gleichsam die Ebenen: Wenn wir behaupten, dass Gott existiert, dann behaupten wir in Wirklichkeit nur, dass es ein Objekt gibt, das unter den Begriff »Gott« fällt. Aus der

Definition Gottes folgt aber nicht, dass Gott die besondere Eigenschaft besitzt, wirklich zu existieren – und zwar einfach deshalb, weil Existenz überhaupt keine Eigenschaft von Dingen ist. Aus diesem Grund macht es übrigens auch keinen Sinn, wenn Sie eine Partneranzeige folgenden Inhalts aufgeben: »Mein Wunschpartner sollte alle wünschenswerten Eigenschaften a, b, c usw. haben – und außerdem existieren.« Denn wenn sich jemand bei Ihnen meldet, der alle wünschenswerten Eigenschaften hat – nun ja, dann existiert er offenbar tatsächlich. Aber das wüssten Sie auch, wenn Sie das Merkmal »Existenz« nicht aufgeführt hätten. Schließlich kann sich Ihr Traumpartner ja nicht bei Ihnen melden, wenn er gar nicht existiert!

Bleiben wir realistisch!

Die Wahrnehmung liefert uns nur ein Abbild der Wirklichkeit, glauben die Denker seit vielen Jahrhunderten. Falsch, sagt der US-Philosoph John Searle: Die Realität ist genau so real, wie sie uns erscheint

Wenn Sie einen Tisch sehen, dann sehen Sie einen Tisch. Das klingt derart banal, dass man sich fragt, wie man daran überhaupt zweifeln kann. Und doch bestreiten viele Philosophen seit Jahrhunderten diese »realistische« Sicht. Von Descartes über Berkeley bis Kant: Die meisten Denker waren überzeugt, dass wir die Welt nicht direkt wahrnehmen – sondern nur unsere Sinneseindrücke, die die Welt repräsentieren. Dafür gibt es ein scheinbar schlagendes Argument: Angenommen, Sie haben eine Halluzination von einem Tisch. Sie »sehen« also etwas, das in Wirklichkeit gar nicht da ist. Ihre Wahrnehmung gibt Ihnen offenbar ein falsches Bild der Realität. Nehmen wir nun an, dass sich Ihre Halluzination durch nichts von der visuellen Erfahrung unterscheidet, die Sie hätten, wenn der Tisch tatsächlich da wäre. Auch wenn Sie den Tisch nur halluzinieren, »sehen« Sie etwas – aber was? Der Tisch ist ja gar nicht wirklich da. Also muss das, was Sie sehen, etwas anderes sein. Da die beiden visuellen Erfahrungen aber nach Annahme genau gleich sind, sehen Sie auch bei der »echten« Erfahrung den Tisch nicht direkt, sondern etwas, das den Tisch repräsentiert. Manche Philosophen nannten das »Vorstellung«, manche »Eindruck« – und in der modernen Philosophie spricht man oft von »Sinnesdaten«. Es läuft immer auf das Gleiche hinaus: Was wir sehen, sind nicht die Objekte selbst, sondern Repräsentationen dieser Objekte. Zur objektiven Wirklichkeit selbst haben wir hingegen keinen Zugang. Das »Ding-an-sich«, so dachte etwa Kant, entzieht sich daher unserer Erkenntnis. Der amerikanische Philosoph John Searle glaubt jedoch, dass dieser Gedankengang auf einem Fehlschluss beruht. Wenn Sie einen Tisch sehen, der tatsächlich da ist, dann sehen Sie einen Tisch. Wenn Sie aber eine Halluzination haben, dann sehen Sie gar nichts – der Tisch ist ja nicht da. Sicher, Sie haben die visuelle Erfahrung »Tisch«. Es gibt einen intentionalen Zustand, der auf etwas in der Welt gerichtet ist – nämlich Ihre Vorstellung von einem Tisch. Aber diese Vorstellung hat eben kein Objekt. Der Tisch ist nun mal nicht da. Wenn John Searle also recht hat, dann ist die Sache im Grunde genau so einfach, wie Sie vielleicht selber denken. Unsere Sinne repräsentieren nicht die Wirklichkeit, sondern präsentieren sie uns: Wenn Sie einen Tisch sehen, der wirklich da ist, dann sehen Sie auch einen wirklichen Tisch – und nicht bloß Ihre Vorstellung von einem Tisch.

Schöpfung ohne Plan

Warum man aus einem perfekten Werk nicht auf einen intelligenten Gestalter schließen kann

Das Universum ist ein Wunderwerk an Präzision. Wenn die Naturkonstanten nur geringfügig andere Werte hätten, würde kein Leben existieren. Gleicht der Kosmos nicht einem Haus, in dem alles am richtigen Platze ist? Einem gigantischen Uhrwerk, in dem alle Räder perfekt ineinander greifen? Und muss man da nicht nachgerade auf einen Schöpfer schließen, einen Weltarchitekten, der das alles so wunderbar eingerichtet hat? Darwins Evolutionstheorie und die Kosmologie liefern heute eine plausible Erklärung, warum die Welt so ist, wie sie ist. Doch einige Kreationisten, die an die biblische Schöpfungsgeschichte glauben, wehren sich immer noch gegen die naturwissenschaftlichen Erklärungsmodelle. Anhänger der *intelligent-design*-Theorie argumentieren, die Komplexität der Welt sei nur durch einen »intelligenten Gestalter« zu erklären. Die Kernidee lautet: Hochkomplexe Strukturen lassen sich nicht auf zufallsabhängige, evolutionäre Prozesse zurückführen. Ein typisches kreationistisches Argument beruht auf einer Analogie: Wenn ein Bogenschütze auf eine Scheibe schießt und hundertmal hintereinander ins Schwarze trifft, so kann man daraus schließen, dass er tatsächlich auf die Scheibe gezielt hat. Ähnliche Argumente gab es schon zur Zeit des religionskritischen schottischen Philosophen David Hume. Und sie standen damals schon auf schwachen Beinen. In Humes *Dialogen über die natürliche Religion* argumentiert einer der Dialogpartner folgendermaßen: Alles in der Natur ist zweckmäßig eingerichtet, so wie in einer Maschine. Der Bau einer Maschine erfordert aber einen intelligenten Ingenieur, der sie plant und konstruiert. Also muss es einen intelligenten Schöpfer der Welt geben. Die Konstruktion der Welt ist aber unendlich anspruchsvoller als der Bau einer Maschine, also muss der Schöpfergott überragende Intelligenz besitzen. Doch dieses Analogieargument ist höchst fragwürdig. Analogien funktionieren nur, wenn die Ähnlichkeit zwischen Dingen sehr groß ist. Zum anderen müssen wir etwas darüber wissen, welche Ursachen eine bestimmte Wirkung hat. Ein Beispiel: Ein Schaden an einem Auto gleicht einer Verletzung bei einem Menschen. Das stimmt zwar in gewisser Hinsicht. Aber das heißt eben nicht, dass das Auto genauso Schmerzen erleidet wie ein Mensch. Auch wenn die Natur in ihrer Zweckmäßigkeit tatsächlich einer Maschine gleicht, können wir daraus nicht schließen, dass die Zweckmäßigkeit der Natur die gleiche Ursache hat wie jene der Maschine – nämlich die Intelligenz eines vernünftigen Wesens. Dazu müssten wir nämlich erst einmal wissen, dass ein vernünftiges Wesen das Universum tatsächlich so geschaffen hat. Genau das soll das Analogieargument aber erst beweisen. Und warum sollte das Universum überhaupt nach dem menschlichen Vernunftprinzip geschaffen sein? Oder in Humes Worten: »Was für ein besonderes Vorrecht hat diese kleine Bewegung des Gehirns, die wir Denken nennen, daß wir sie in dieser Weise zum Modell des ganzen Universums machen?« Ähnlichkeiten lassen sich überdies leicht finden. Das Universum mag einem Uhrwerk ähneln, doch in gewisser Hinsicht ähnelt es mehr einem Tier oder einer Pflanze – schließlich ist ja überall Zeugung und Wachstum. Unser Denken ist da vergleichsweise vergänglich. Schließlich beruht es, wie wir wissen, auf dem Gehirn – und Gehirne sterben nun einmal ab. Zugleich entstehen aber auch sie, wie alles andere, durch Wachstum. Also müsste man daraus schließen, dass die Welt aus dem Prinzip Wachstum hervorgeht. Natürlich fragt sich nun, was die Ursache dieses Wachstums ist. Aber genauso gut kann man eben fragen, was die Ursache des Vernunftprinzips ist. Aus sehr ähnlichen Gründen scheitern auch die heutigen *intelligent-design*-Argumente. Nehmen Sie die Bogenschützen-Analogie: Wenn lauter Pfeile im Schwarzen stecken – kann man daraus auf einen überragenden Schützen schließen? Nicht unbedingt, solange wir die näheren Umstände nicht kennen – etwa aus welcher Entfernung der Schütze geschossen hat. Zudem unterstellt das Argument bereits, dass es überhaupt einen Schützen gibt. Aber genau das bestreitet ja die Evolutionstheorie. Natürliche Vorgänge steuern eben auf kein vorgegebenes Ziel zu. Vielmehr kristallisiert sich das »Ziel« erst durch den evolutionären Selektionsmechanismus heraus. Die »Zielscheibe« lässt sich also sozusagen erst hinterher zeichnen – um die bereits steckenden Pfeile herum.

Von Wundern und anderen Tatsachen

Falls Sie einmal ein echtes Wunder erleben sollten: Hier eine kleine philosophische Handreichung, wie Sie damit vernünftig umgehen können

Von Wunderheilungen bis zur Entführung durch Außerirdische: Der Glaube ans Übernatürliche war zu allen Zeiten verbreitet. Und nicht nur bei Verrückten und Esoterikern. Aber was kann uns davon überzeugen, an ein Wunder zu glauben? Diese Frage beschäftigte den schottischen Philosophen David Hume (1711–1776). Ein kluger Mensch, so sagt er, gründet sein Urteil auf Erfahrung. Wenn wir überlegen, ob ein bestimmtes Ereignis eintreten wird, wägen wir verschiedene Erfahrungstatsachen gegeneinander ab: Was spricht dafür, was dagegen? Am Ende kommen wir über eine gewisse Wahrscheinlichkeit nicht hinaus. Wunder erleben wir im Allgemeinen nicht selbst. Nicht jeder von uns trifft Außerirdische. Wir sind also auf die Berichte anderer angewiesen. Und mit Zeugenaussagen machen wir es auch nicht anders als bei anderen Erfahrungstatsachen. Wenn uns jemand sagt, dass es regnet, dann ziehen wir daraus die Schlussfolgerung, dass es wahrscheinlich regnet. Und im Allgemeinen können wir uns auf die Aussagen anderer auch verlassen. Nun können Zeugenberichte aber einander widersprechen: Der eine behauptet dieses, der andere jenes. Bei solchen widersprüchlichen Aussagen haben wir Zweifel an den Tatsachen. Wenn Sie mir sagen, dass es draußen regnet – und fünf andere behaupten das Gegenteil, dann werde ich daran zweifeln, dass es tatsächlich regnet. Nun sind Wunder aber besonders außergewöhnliche Tatsachen. Und je außergewöhnlicher die Tatsache, desto weniger wert ist das Zeugnis, das die Tatsache bestätigt. Wenn ich Ihnen im Hochsommer sage, dass es draußen schneit, dann ist dieses Zeugnis für sich genommen wenig wert – einfach deshalb, weil eine ganze Menge Erfahrungstatsachen dagegen sprechen. Erst recht gilt das natürlich für Wunder. Hume kommt daher zu seinem Schluss, »dass kein Zeugnis genügt«, um ein Wunder zu konstatieren, »es sei denn, das Zeugnis sei solcher Art, daß seine Falschheit wunderbarer wäre, als die Tatsache, die es zu konstatieren trachtet.« Angenommen, jemand erzählt Ihnen, er habe ein Wunder erlebt. Dann gibt es zwei Möglichkeiten. Entweder die Person lügt – oder das Wunder hat sich tatsächlich zugetragen. Beides wäre überraschend. Nun muss ich nach Hume abwägen, welche Variante wahrscheinlicher ist: »Wäre die Falschheit seines Zeugnisses wunderbarer als das von ihm berichtete Ereignis, dann und nur dann kann er meinen Glauben oder meine Überzeugung beanspruchen.«

Zum Weiterlesen:
David Hume, *Eine Untersuchung über den menschlichen Verstand: Mit Ergänzungen aus dem »Traktat über die menschliche Natur«*, mit einem Kommentar von Lambert Wiesing, Frankfurt am Main 2007.

Der größte Nerd aller Zeiten

Die kauzigsten Denker der Philosophiegeschichte

Philosophen galten immer schon als verschrobene, weltfremde Zeitgenossen. Bereits der vorsokratische Naturphilosoph Thales von Milet musste sich von einer hübschen Magd verspotten lassen, weil er bei seinen Himmelsbeobachtungen in eine Zisterne gefallen war: »Er strengt sich an, die Dinge im Himmel zu erkennen, von dem aber, was ihm vor Augen und vor den Füßen liegt, hat er keine Ahnung.« Arthur Schopenhauer war bekannt als Misanthrop und Kauz, der sich alle zehn Jahre einen neuen Pudel kaufte – und diesen auch noch »Atman« nannte, nach dem indischen Seelenbegriff. Und auch Immanuel Kant hatte seine Schrullen: So ging er immer genau zur gleichen Zeit spazieren, sodass seine Mitbürger die Uhr nach ihm stellen konnten – und seine Heimatstadt Königsberg verließ er angeblich nicht ein einziges Mal. Der größte Nerd der Philosophiegeschichte war aber vermutlich Heraklit, der ein halbes Jahrtausend vor Christus lebte. Heraklit gilt als Begründer des dialektischen Denkens, und sogar Friedrich Nietzsche, der große Verächter, zollte ihm Respekt. Doch unter seinen Zeitgenossen galt der Philosoph aus Ephesos als hochmütiger und menschenfeindlicher Spinner. Heraktlit verachtete die Dummheit der Masse, die bloß »vollgefressen wie Hausvieh« sei. In einem Fragment findet sich folgende wenig freundliche Charakterisierung Heraklits: »Schließlich wurde er zu einem Misanthropen, zog sich aus der Gesellschaft zurück und lebte im Gebirge, wo er sich von Gras und Pflanzen ernährte. Jedenfalls wurde er durch diese Lebensweise wassersüchtig, kam in die Stadt herunter und fragte die Ärzte in Rätselworten, ob sie aus Überschwemmung Dürre machen könnten. Als sie ihn nicht verstanden, grub er sich selbst in einem Kuhstall ein und hoffte, durch die Wärme des Mists werde das Wasser verdunsten. Aber auch damit erreichte er nichts. Er starb im Alter von 60 Jahren.«

Sinn & Bedeutung

Was Worte wirklich sagen –
und was sie uns verschweigen

Die Wahrheit von morgen

Wahr ist, was der Fall ist.
Aber kann heute schon wahr sein, was morgen der Fall sein wird?

Die Wahrheit zu sagen, das heißt, vom Seienden zu sagen, dass es ist – und vom Nichtseienden, dass es nicht ist. Das ist die Definition des Aristoteles. Die Aussage »Schnee ist weiß« ist also wahr, wenn Schnee tatsächlich weiß ist – und sie ist falsch, wenn das nicht der Fall ist. Aussagen über Gegenwart und Vergangenheit müssen entweder wahr oder falsch sein. Denn etwas ist oder es ist nicht, es war oder war nicht. Aber kann es auch wahr sein, dass etwas sein wird?

Wenn ich sage, dass es morgen regnen wird, und Sie das bestreiten, muss einer von uns die Wahrheit sagen. Denn entweder regnet es morgen oder eben nicht. Wenn es morgen tatsächlich regnet, habe ich offenbar die Wahrheit gesagt. Dann aber ist es heute schon wahr, dass es morgen regnen wird. Meine Aussage »Morgen regnet es« ist ja nur dann wahr, wenn es morgen tatsächlich regnet. Das führt aber zu einer sonderbaren Konsequenz: Es regnet morgen aus Notwendigkeit, die Zukunft ist also vorherbestimmt. Schließlich muss einer von uns beiden ja recht haben. Dann war es aber offenbar schon immer wahr, von allem, was je gewesen ist, zu behaupten, dass es ist oder sein wird. Alles geschieht aus Notwendigkeit. Dann könnten wir beide nämlich auf zehntausend Jahre voraussagen, dass etwas passieren oder eben nicht passieren wird. Wir müssten gar nicht mehr überlegen, was geschieht, wenn wir das und das tun, schließlich wäre ja alles bereits festgelegt. Doch das ist ein Trugschluss, erkannte Aristoteles. Wenn etwas ist, dann ist es notwendig – was ist, das ist. Das heißt aber nicht, dass etwas aus Notwendigkeit ist oder sein wird. Sicherlich wird es morgen entweder regnen oder nicht regnen. Aber weder ist es notwendig, dass es morgen regnet, noch dass es morgen nicht regnet. Einer von uns beiden muss recht haben. Aber wir wissen eben nicht, wer.

Zum Weiterlesen:
Otfried Höffe, *Aristoteles: Ein Lesebuch*, Tübingen 2009.

Verheiratete Junggesellen

Bestimmte Sätze gelten als logisch wahr. Aber auch diese »Wahrheiten« lassen sich erschüttern

Auf manche Wahrheiten ist scheinbar Verlass. »Kein unverheirateter Mann ist verheiratet«: Vermutlich werden Sie diesem Satz vorbehaltlos zustimmen. Man kann ihn drehen und wenden, wie man will: Der Satz bleibt wahr – egal wie Sie die Worte »Mann« oder »verheiratet« interpretieren. Das Prädikat »verheiratet« steckt offenbar schon im Subjektsbegriff, also im »verheirateten Mann«. Alle verheirateten Männer sind notgedrungen verheiratetet. Seit Kant bezeichnet man solche Sätze als »analytische Sätze«: Ihr Wahrheitswert beruht nicht auf Tatsachen in der Welt, sondern allein auf der Bedeutung der Begriffe und den Regeln der Grammatik. Um zu erkennen, dass ein solcher analytischer Satz wahr ist, muss ich also nur die Sprache beherrschen. Die Existenz solcher analytischer Wahrheiten galt lange Zeit als unbezweifelbar. Die logischen Positivisten glaubten sogar, dass nur analytische Erkenntnisse auch

Erkenntnisse »a priori« darstellen – also Erkenntnisse, die von empirischen Tatsachen unabhängig sind. Insofern war es fast ein Tabubruch, als der amerikanische Philosoph Willard Van Orman Quine (1908–2000) behauptete: Es gibt überhaupt kein sicheres apriorisches Wissen. Auch vermeintlich »analytische« Sätze liefern keine unanzweifelbare Erkenntnis. Nehmen Sie zum Beispiel folgenden Satz: »Kein Junggeselle ist verheiratet.« Offenbar ist das genauso ein analytischer Satz wie der Satz »Kein unverheirateter Mann ist verheiratet.« Wir haben ja nur das Synonym »Junggeselle« für »unverheirateter Mann« eingesetzt. Das setzt aber voraus, dass wir uns über den Begriff »Synonym« im Klaren sind. Aber was heißt es, dass zwei sprachliche Ausdrücke die gleiche Bedeutung haben? Sicher, das Wörterbuch definiert »Junggeselle« als »unverheirateten Mann«. Der Redakteur eines Wörterbuchs kann sich allerdings nur auf seine Recherche berufen, wonach die beiden Wörter tatsächlich bedeutungsgleich verwendet werden. Doch es gibt offenbar ein zuverlässigeres Kriterium: Zwei sprachliche Ausdrücke sind synonym, wenn sie in allen Kontexten austauschbar sind, ohne den Wahrheitswert des Satzes zu verändern. Aber nun gibt es ein Problem. Die Synonyme »Junggeselle« und »unverheirateter Mann« sind offenbar nicht immer austauschbar. Man braucht das Wort »Junggeselle« nur unter Anführungszeichen zu setzen. Der Satz »›Junggeselle‹ hat weniger als zwölf Buchstaben« ist dann plötzlich nicht mehr analytisch. Setzt man nämlich das Synonym »unverheirateter Mann« für »Junggeselle« ein, wird der Satz falsch. Der Ausdruck »unverheirateter Mann« hat eben mehr als zwölf Buchstaben. Ähnlich ist es in folgendem Satz: »Alle Säugetiere sind Lebewesen mit Herz.« Offenbar kann man den Ausdruck »Lebewesen mit Herz« einfach durch »Lebewesen mit Nieren« ersetzen, da alle Lebewesen mit Herz zugleich auch Nieren haben. Aber der Ausdruck »Lebewesen mit Nieren« bedeutet nun einmal etwas anderes als »Lebewesen mit Herz«. Mit Synonymen ist es also nicht so einfach. Offenbar kann man die Bedeutung eines Wortes nicht einfach durch ein Synonym angeben. Dann bleibt aber auch unklar, was die Bedeutung eines Wortes überhaupt ist. Und wenn das so ist, sagt Quine, dann ist es irgendwie rätselhaft, wie man die »Analytizität« von Sätzen überhaupt definieren soll. Die Logik kann offenbar täuschen. Seien Sie sich also nicht zu sicher, dass ein Junggeselle auch wirklich unverheiratet ist. Überzeugen Sie sich lieber selbst.

Zum Weiterlesen:
Willard Van Orman Quine, *Von einem logischen Standpunkt aus*, englisch/deutsch, herausgegeben von Roland Bluhm und Christian Nimtz, Stuttgart 2011.

Unbegreifliche Begriffe

Wir hantieren täglich mit ihnen. Aber was sind eigentlich Begriffe? Und woher wissen wir, was sie bedeuten?

Was bedeutet der Begriff »Tisch«? Das entsprechende Möbelstück, werden Sie sagen. Vermutlich könnten Sie erklären, wie ein Tisch aussieht, wofür man ihn verwendet und so weiter. Und wenn ich Ihnen einen Gegenstand zeige, können Sie mir auch sagen, ob es sich um einen Tisch handelt oder nicht. Zum einen verstehen wir unter einem Begriff also die Bedeutung eines Wortes. Offenbar brauchen wir Begriffe, um Dinge einzuteilen, sonst müssten wir womöglich für jeden einzelnen Tisch ein eigenes Wort verwenden. So aber haben wir das Wort »Tisch« und können damit große wie kleine, rote oder schwarze Tische bezeichnen. Moderne Philosophen drücken das etwas abstrakter aus. Sie sehen Begriffe als eine Art Funktion, die sprachlichen Äußerungen einen Wahrheitswert zuordnet. Nehmen Sie etwa den Begriff »rot«. Der Ausdruck »X ist rot« hat eine Bedeutung, aber er ist für sich genommen unvollständig. Man fragt sich natürlich: Welches X ist rot? Erst wenn Sie für X einen Gegenstand einsetzen, wird der Ausdruck »X ist rot« wahr oder falsch. Und natürlich ist »X ist rot« wahr, wenn Sie für X einen roten Gegenstand einsetzen. Aber was heißt es, einen »Begriff« von etwas zu haben? Eine naheliegende Idee wäre, dass man die richtige Definition kennt. Der Begriff »Junggeselle« verweist per Definition auf einen erwachsenen, unverheirateten Mann. Ein »Tisch« wäre etwa ein Möbelstück, das aus einer Platte und vier Beinen besteht und zum Essen benutzt wird – aber da beginnen schon die Schwierigkeiten. Offenbar hat nicht jeder Tisch vier Beine. Und bekanntlich benutzen wir Tische auch für alle möglichen anderen Zwecke. Man könnte einen Tisch auch genauso benutzen, wie man einen Stuhl benutzt – und einfach drauf sitzen, statt darauf zu essen. Offenbar gibt es nur recht wenige Definitionen, die wirklich so eindeutig sind wie die Definition eines »Junggesellen«. Nehmen Sie zum Beispiel den Begriff »Spiel«. Bei manchen Spielen geht es um Wettbewerb, bei anderen nicht. Nicht bei allen Spielen gibt es Gewinner und Verlierer. Und nicht einmal alle sind unterhaltsam. Wir können also nicht genau sagen, was der Begriff Spiel eigentlich bedeutet. Der Begriff Spiel sei ein Begriff »mit verschwommenen Rändern«, meinte Ludwig Wittgenstein. Wir können ihn gar nicht genau definieren, sondern nur gewisse »Familienähnlichkeiten« feststellen, die zwischen verschiedenen Spielen bestehen – wie etwa, dass Spiele Regeln haben. Trotzdem kann jeder von uns mit dem Wort »Spiel« etwas anfangen. Irgendwie wissen wir, was gemeint ist. Schon als Kinder lernen wir, was ein »Spiel« ist – und zwar ganz einfach, indem wir spielen. Nach Wittgenstein müssen wir die Definition eines Begriffs auch gar nicht kennen. Es genügt, dass wir wissen, wie man ihn richtig verwendet. Einige heutige Philosophen glauben sogar, dass wir die Bedeutung von Begriffen gar nicht im Kopf haben müssen, um sie richtig zu verwenden. Vielmehr verwenden wir im Alltag viele Begriffe, deren genaue Bedeutung wir gar nicht kennen – und überlassen die Definition den Fachleuten. Mit dem Begriff »Begriff« machen wir es offenbar genauso – in der Hoffnung, dass wenigstens die Philosophen einen Begriff davon haben.

Leben nach Bildern

Metaphern prägen unser Denken – und haben sogar die Kraft, die Realität zu verändern

Regierungen schnüren »Rettungspakete«, der Staat gibt »Finanzspritzen«, das Bankensystem steht vor der »Kernschmelze« – und überhaupt ist das Leben kein »Honigschlecken«, sondern eine »Achterbahnfahrt«: Metaphern sind allgegenwärtig. Unter einer Metapher verstehen wir ein sprachliches Bild, bei dem Wörter aus einem Bedeutungszusammenhang in einen anderen übertragen werden. Schon Aristoteles glaubte, dass Metaphern zu einem tieferen Verständnis führen können: Gewöhnliche Wörter, so dachte er, erfassen nur das, was wir schon kennen; durch Metaphern hingegen könnten wir zu Neuem gelangen. Metaphern durchdringen nicht nur unseren Sprachgebrauch, sondern auch unser Begriffssystem. Wir denken metaphorisch, behaupten die amerikanischen Linguisten George Lakoff und Mark Johnson. Nach ihrer Theorie wurzeln Metaphern tief in unserer körperlichen und sozialen Erfahrungswelt. Anders wüssten wir gar nicht, was eine Metapher wie »Zeit ist Geld« überhaupt bedeutet. In unserer Kultur ist Zeit tatsächlich Geld. Schließlich wird Arbeitsleistung auch nach dem Zeitaufwand entlohnt, und die Höhe der Telefonrechnung hängt davon ab, wie lange wir telefonieren. Nur durch Metaphern können wir Dinge verstehen, die sich unseren abstrakten Begriffen entziehen: Was Liebe wirklich ist, verstehen wir besser, indem wir etwa sagen, dass wir »verrückt« nach jemandem sind oder dass der »Zauber« verflogen ist. Metaphern ermöglichen uns, von einem Bereich der Erfahrung auf einen anderen zu schließen – also etwa von unserer Erfahrung mit Geld auf unsere Erfahrung mit Zeit. Auf diese Weise schaffen Metaphern neuen Sinn, und dadurch verändern sie unsere Sicht der Wirklichkeit. Die Metapher »Zeit ist Geld« zum Beispiel prägt das Zeitverständnis unserer westlichen Kultur, wie die vom »Krieg gegen den Terrorismus« die amerikanische Außenpolitik – oder jene vom »Rettungsschirm« unsere Sicht der Schuldenkrise. Und es macht durchaus einen Unterschied, ob man die Ehe als »sicheren Hafen« betrachtet oder als »gemeinsame Reise durchs Leben«. Lakoff und Johnson illustrieren das mit der Geschichte von einem Missverständnis, dem ein iranischer Student an einer Universität in den Vereinigten Staaten aufsaß. Als der Iraner hörte, wie ein Kommilitone von der »Lösung meiner Probleme« sprach, hielt er den Ausdruck für eine besonders schöne Metapher. Wegen seiner mangelhaften Sprachkenntnisse verstand er unter »Lösung« nämlich eine chemische Lösung. Also stellte er sich eine Flüssigkeit vor, in der alle Probleme auf engstem Raum herumschwimmen. Als er hörte, dass sein Kollege keineswegs eine solche »chemische« Metapher im Sinn hatte, reagierte er enttäuscht. Ein solches Bild könnte uns allerdings eine ganz neue Sicht vermitteln, meinen Lakoff und Johnson: »Nach der chemischen Metapher zu leben hieße zu akzeptieren, dass kein Problem für immer verschwindet.« Doch diese Metapher wäre uns natürlich fremd. Stattdessen sehen wir Probleme als eine Art Rätsel, die eine Lösung haben oder eben nicht. In unserer Kultur betrachten wir Probleme eben als Rätsel – und das bestimmt auch unsere Sicht der Wirklichkeit. Genauso wenig könnten wir die »Zeit ist Geld«-Metapher von heute auf morgen abschaffen und etwa durch die Metapher »Zeit ist Hingabe« ersetzen. Mit ihrer Theorie wollen Lakoff und Johnson den »Mythos des Objektivismus« bekämpfen, also die Vorstellung, dass sprachliche Ausdrücke eine objektive Bedeutung haben, die unabhängig davon ist, wie Menschen Sprache verstehen und verwenden. Natürlich verändern Begriffe allein nicht die Realität. Aber neue Begriffe verändern, was wir für real halten – und genau dadurch verändern sie unser Handeln.

Zum Weiterlesen:
George Lakoff/Mark Johnson, *Leben in Metaphern. Konstruktion und Gebrauch von Sprachbildern*, Heidelberg 1998.

Alles Unsinn!

Auch über Nichtseiendes kann man sprechen

Was unterscheidet den »Abendstern« vom »Morgenstern«? Nichts, werden Sie vielleicht sagen. Beide Wörter bezeichnen den Planeten Venus. Doch Friedrich Ludwig Gottlob Frege (1848–1925), der Begründer der modernen Logik und Sprachphilosophie, war anderer Meinung. Nach Frege haben »Abendstern« und »Morgenstern« die gleiche Bedeutung, aber einen anderen Sinn. Die Bedeutung eines Ausdrucks ist bei Frege einfach das, worauf sich der Ausdruck bezieht, der »Referent« oder Bezug, also der Gegenstand selbst – in diesem Fall also der Planet Venus. Sein Sinn besteht für Frege in der »Art seines Gegebenseins«, also darin, auf welche Weise der Ausdruck den Gegenstand zur Darstellung bringt. Die Ausdrücke »Morgenstern« und »Abendstern« beziehen sich zwar auf den gleichen Gegenstand, eben den Planeten Venus, – aber auf unterschiedliche Weise. Im ersten Fall beziehen wir uns auf den Himmelskörper, der morgens als Letzter untergeht – und im anderen Fall auf jenen, der abends als Erster aufgeht. Und genauso hat der Ausdruck »Christian Wulff« die gleiche Bedeutung wie »Der Bundespräsident, der am 17. Februar 2012 zurücktrat« – aber offensichtlich einen anderen Sinn. Wenn zwei Ausdrücke den gleichen Sinn haben, dann haben sie nach Frege auch die gleiche Bedeutung. Ein Ausdruck, der einen Sinn hat, muss sich dabei jedoch nicht zwangsläufig auf etwas Außersprachliches beziehen. Der Ausdruck »Einhorn« etwa hat sicherlich einen Sinn, er bezeichnet ein mythisches Wesen – aber keinen Bezug, da Einhörner nun mal nicht existieren. Die Unterscheidung zwischen »Sinn« und »Bedeutung« hilft zum Beispiel, folgende Merkwürdigkeit zu erklären: »Der Morgenstern ist der Morgenstern« ist einfach eine triviale Aussage. »Der Morgenstern ist der Abendstern« hingegen hat einen Informationsgehalt – obwohl sich beide Identitätsaussagen auf den Planeten Venus beziehen. Vor Frege hatte man oft angenommen, dass wir sprachliche Ausdrücke nur verstehen können, wenn sie eine Bedeutung haben, also einen Gegenstand. Das führte zu der seltsamen Vorstellung, dass man etwa über Einhörner nur reden kann, wenn sie in irgendeiner Weise existieren. Und das ist offensichtlich falsch.

Zum Weiterlesen:
Gottlob Frege, *Funktion, Begriff, Bedeutung. Fünf logische Studien*, herausgegeben und eingeleitet von Günther Patzig, Göttingen 2008.

Ist Gott ein Kaninchen?

Woher wollen Sie eigentlich wissen, was jemand wirklich meint, wenn er etwas sagt?

Zwei Ethnologen treffen auf einen unbekannten Stamm Ureinwohner. Die Menschen sprechen eine völlig fremde, bislang nicht übersetzte Sprache. Die Wissenschaftler sollen nun, jeder für sich, ein Wörterbuch erstellen, das die Stammessprache ins Deutsche übersetzt. Dazu beobachten sie die Eingeborenen bei verschiedenen Tätigkeiten. Ihre Annahme lautet, dass die Menschen in bestimmten Situationen auch bestimmte Sätze äußern. Wenn ein Stammesangehöriger immer dann »Gavagai!« ausruft, sobald ein Kaninchen vorbeihuscht, dann bedeutet »Gavagai« offenbar »Das ist ein Kaninchen«. Aber wie können wir das wissen? Der Stammesangehörige könnte zum Beispiel auch meinen »Das ist ein Tier mit Kaninchenohren«, »Das ist eine Instanz von Kaninchenheit« oder »Das ist die Inkarnation einer Kaninchen-Gottheit.« Wie auch immer die Forscher »Gavagai« übersetzen: Sie können nie genau sagen, worauf sich der Stammesangehörige bezieht. Die beiden Forscher könnten also zwei vollkommen verschiedene Wörterbücher erstellen. Der amerikanische Philosoph Willard V. O. Quine (1908–2000) nannte das die »Unbestimmtheit der Übersetzung«. Quine war der Auffassung, dass sich das Gedankenexperiment auch auf die eigene Sprache übertragen lässt. Denn jedes Verstehen des anderen ist ja eine Art Übersetzungsvorgang. Worauf sich der andere wirklich bezieht, wenn er einen Ausdruck verwendet, können wir daher nie ganz genau herausfinden. Quine sprach von der »Unerforschbarkeit der Bedeutung«. Wenn jemand auf ein Kaninchen zeigt und »Kaninchen« sagt, sollten Sie in Hinkunft also vorsichtig sein. Vielleicht meint er in Wirklichkeit »Gavagai«.

Zum Weiterlesen:
Willard Van Orman Quine, *Wort und Gegenstand*, Stuttgart 1980.

Der König von Frankreich

Beziehen sich Worte auf etwas – oder die Sprecher?

Angenommen, Sie lesen in der Zeitung den folgenden Satz: »Die gegenwärtige Bundeskanzlerin Deutschlands ist Physikerin«. Die Rede ist natürlich von Angela Merkel. Und die ist tatsächlich Physikerin. Also ein glasklarer, verständlicher deutscher Satz, der aus Subjekt und Prädikat besteht – und er ist wahr. Nichts daran scheint besonders mysteriös zu sein. Aber nun betrachten Sie folgenden Satz: »Der gegenwärtige König von Frankreich hat eine Glatze.« Dieser Satz hat genau die gleiche Struktur wie der vorige, auch er besteht aus Subjekt und Prädikat. Wir können ihn ohne weiteres verstehen. Und doch scheint an dem Satz etwas faul zu sein. Natürlich gibt es keinen »gegenwärtigen König von Frankreich«, der Subjektausdruck bezieht sich also auf nichts, es sei denn, man wollte annehmen, dass auch nichtwirkliche Gegenstände existieren. Ist der Satz nun wahr oder falsch? Weder noch, könnte man meinen. Wenn das Subjekt nicht existiert, der Satz also von nichts »handelt«, dann gibt es auch nichts, was wahr oder falsch sein könnte: Der Satz ist offenbar schlicht unsinnig. Doch das ist ein Irrtum, meinte der britische Philosoph Bertrand Russell (1872–1970). Die grammatikalische Form des Satzes täuscht uns nämlich über seine logische Form: Rein grammatikalisch besagt der Satz, dass ein bestimmter Gegenstand (der König von Frankreich) eine bestimmte Eigenschaft besitzt (nämlich die, eine Glatze zu haben). Von seiner logischen Form her drückt er hingegen folgendes aus: »Es gibt einen und nur einen Gegenstand (ein »X«), der König von Frankreich ist und eine Glatze hat.« Allerdings gibt es einen entscheidenden Unterschied: Der neue Satz handelt offenbar nicht mehr vom König von Frankreich. Der ominöse Subjektausdruck ist verschwunden, der König von Frankreich taucht nur mehr als Prädikat auf, als eine Eigenschaft, die einem Gegenstand X zukommt oder nicht. Was nach einem Subjekt-Prädikat-Satz aussah, ist in

Wahrheit eine Existenzaussage, nämlich die Aussage, dass genau ein Gegenstand existiert, der König von Frankreich ist und eine Glatze hat. Und diese Existenzaussage ist keineswegs unsinnig, sondern schlichtweg falsch: Der »gegenwärtige König von Frankreich« existiert nun einmal nicht. Russells logische Analyse hilft offenbar, sprachliche Unklarheiten zu beseitigen. Auf die gleiche Weise könnte man den ersten Satz über Angela Merkel umformen. Die entsprechende Formulierung lautete dann: »Es gibt genau ein X, das Bundeskanzlerin von Deutschland und Physikerin ist.« Nun wird es allerdings befremdlich. Eigentlich dachten wir ja, der Satz handle von der »gegenwärtigen Kanzlerin Deutschlands«, und damit von Angela Merkel. Nach Russells Analyse spielt der Subjektsausdruck aber gar keine Rolle, man kann ihn ja einfach streichen. Aber worauf bezieht sich der Ausdruck dann? Russells provozierende Schlussfolgerung lautet: Auf gar nichts! Die Kennzeichnung »die gegenwärtige Bundeskanzlerin Deutschlands« hat für sich genommen genauso wenig Bedeutung wie »der gegenwärtige König von Frankreich«. Der einzige Unterschied ist, dass die deutsche Bundeskanzlerin nun einmal existiert und der König von Frankreich nicht – zumindest nicht heute. Für einen Sprecher des Jahres 1715 hätte der Ausdruck »der gegenwärtige König von Frankreich« ja durchaus eine Bedeutung. Dann beziehen sich aber nicht die Worte auf etwas, sondern die Sprecher. Und die können mit Worten ganz unterschiedlich Dinge tun – etwa Versprechen abgeben, Befehle erteilen oder eine Behauptung aufstellen. Mit solchen »Sprechakten« drücken wir »intentionale Zustände« aus, die Gegenstände in der Welt repräsentieren, so glaubt der amerikanische Philosoph John Searle – wie etwa Überzeugungen, Wünsche oder Absichten. Und wenn es keinen solchen Gegenstand gibt, dann hat der intentionale Zustand eben kein intentionales Objekt – also nichts, auf das er sich bezieht. Die Behauptung, der König von Frankreich habe eine Glatze, kann für uns heute nicht wahr sein, weil der König von Frankreich nicht existiert. Genauso wenig kann die Überzeugung, der König von Frankreich habe eine Glatze, wahr sein. Der Wunsch, der König von Frankreich möge eine Glatze haben, wird sich niemals erfüllen. Und wenn ich Ihnen befehle, dem König von Frankreich ein Haarwuchsmittel zu schicken, werden Sie zwangsläufig daran scheitern. Der Grund ist immer derselbe: Es gibt eben keinen König von Frankreich.

Zum Weiterlesen:
Bertrand Russell, »Über das Kennzeichnen«, in: ders., *Philosophische und politische Aufsätze*, Stuttgart 1971.

Wer ist der Käfer in der Box?

Wir können nicht wissen, was in einem anderen Menschen vorgeht?
Ganz falsch, glaubte Ludwig Wittgenstein

Ein Freund erklärt Ihnen, dass er rasende Kopfschmerzen habe – und daher leider nicht zum Abendessen kommen könne. Als philosophischer Skeptiker könnten Sie sich fragen: Woher weiß ich, dass das auch stimmt? Wie können wir überhaupt wissen, was in einem anderen Menschen vorgeht? Das ist das philosophische Problem des »Fremdpsychischen«. Der britische Philosoph Bertrand Russell etwa glaubte, dass wir fremde Bewusstseinsinhalt nur über Analogien erfassen können. Wenn ich etwa an mir selbst beobachte, dass ein bestimmter geistiger Zustand mit einem bestimmten Verhalten verbunden ist, kann ich bei Menschen, die sich ähnlich verhalten, auch auf ähnliche geistige Zustände schließen. Nach einer landläufigen Auffassung können wir nur selbst wissen, dass wir ein bestimmtes inneres Erlebnis wie etwa Schmerzen haben. Ludwig Wittgenstein hingegen hielt dieses Argument für falsch. Nach Wittgenstein kann ich mich nicht auf irgendwelche inneren Empfindungen, wie etwa ein Schmerzerlebnis, berufen, um zu erklären, warum ein Wort für mich eine bestimmte Bedeutung hat. Ich kann also nicht sagen: Schmerz ist für mich, wenn ich so und so empfinde. Denn wenn ich das könnte, so wäre es nach Wittgenstein auch möglich, dass jeder für sich eine Privatsprache entwickelt, die nur er verstehen kann – also eine Sprache, die sich lediglich auf die unmittelbaren, privaten Empfindungen bezieht. Eine solche Sprache kann es aber laut Wittgenstein nicht geben. Sie müsste nämlich auf Regeln beruhen, die nur ich allein kenne. Dann hätte ich aber kein Kriterium, dass ich einen bestimmten Ausdruck auch richtig verwende. Und genauso wenig kann ich dann behaupten, dass andere das gleiche Schmerzerlebnis haben wie ich. Schließlich können wir beide unter Schmerzen etwas völlig anderes verstehen. Wittgenstein erläutert das mit seinem berühmten Gleichnis vom Käfer in der Schachtel. Nehmen wir an, jeder hätte eine Schachtel, in der sich etwas befindet, das wir Käfer nennen. Keiner kann in die Schachtel des anderen schauen, jeder weiß nur durch seinen eigenen Käfer, was ein Käfer überhaupt ist. Nun wäre es aber möglich, sagt Wittgenstein, dass jeder etwas anderes in seiner Schachtel hat, der Inhalt könnte sich sogar ständig verändern. Wenn das Wort Käfer trotzdem auf bestimmte Weise gebraucht wird, dann müssen wir daraus schließen, dass »Käfer« offenbar nicht der Name eines Dings ist. Die Schachtel könnte sogar leer sein. Auf den tatsächlichen Inhalt kommt es nicht an, er ist schlicht irrelevant: »Durch dieses Ding in der Schachtel kann ›gekürzt werden‹, es hebt sich weg, was immer es ist«. In Wittgensteins Beispiel repräsentieren die Schachteln den Körper, die Käfer einen Schmerzzustand. Genauso gut könnte der Käfer ein anderer geistiger Zustand sein. Unser Irrtum besteht nach Wittgenstein darin, dass wir uns auf den geistigen Zustand konzentrieren, also auf den »Käfer«, statt auf den Gebrauch der Begriffe. Unsere Begriffe sind nicht auf mysteriöse Weise mit der Wirklichkeit verbunden. Vielmehr liegt ihre Bedeutung in ihrem richtigen sprachlichen Gebrauch. Wir verstehen einen Begriff, indem wir lernen, ihn richtig zu verwenden – und das jeweilige »Sprachspiel« richtig zu spielen. Insofern müssen Sie also nicht in den anderen hineinschauen, um zu wissen, ob er tatsächlich Schmerzen hat. Es reicht, dass er es sagt und durch seine Körpersprache den Eindruck vermittelt, dass es stimmt: »Wen ich, mit offenbarer Ursache, sich in Schmerzen winden sehe, von dem denke ich nicht: seine Gefühle seien mir verborgen.«

Was ist gut?

Wir verwenden das Wort jeden Tag.
Doch was heißt es, dass etwas »gut« ist?
Kann man den Begriff überhaupt definieren?

Das Gute ist das, wonach alles strebt, sagt Aristoteles. Doch das Wort »gut« hat seine Tücken. Ein guter Korkenzieher hat wenig gemein mit einem guten Klavier. Ein guter Liebhaber ist nicht zwangsläufig ein guter Ehemann – und ein guter Investmentbanker noch lange kein guter Mensch. Aber was bedeutet dann »gut«? Ist »gut« objektiv oder »subjektiv«, eine Eigenschaft oder eine Wertung? Und wie können wir wissen, was »gut« ist und was nicht?

Angenommen, Sie stehen vor einem Bild in einer Ausstellung. Mit einem Freund diskutieren Sie darüber, ob es sich um ein »gutes Kunstwerk« handelt. Nun stellen Sie fest, dass einige Meter weiter genau das gleiche Bild hängt; es lässt sich nicht mal feststellen, welches davon die Kopie des anderen ist. Nun erklärt Ihnen der Freund: »Ich finde, das linke Bild ist ein gutes Kunstwerk, das rechte nicht.« Natürlich protestieren Sie. Das Urteil Ihres Freundes ist Ihnen völlig unverständlich. Schließlich gleichen die Bilder einander bis ins letzte Detail. »Ich habe nicht gesagt, dass es noch andere Unterschiede gibt«, entgegnet Ihr Freund: »Der einzige Unterschied ist: Das linke Bild ist gut, das rechte nicht. Es könnte doch auch sein, dass das linke Bild signiert ist, das rechte nicht – ohne dass es noch weitere Unterschiede gibt. Warum soll ich dann nicht auch sagen können, dass das linke Bild gut ist und das rechte nicht?« Das wird Sie vermutlich nicht überzeugen. Ob ein Bild »gut« ist oder nicht, muss doch irgendwie von den Eigenschaften des Bildes abhängen: Wenn das eine Bild »gut« ist und das andere »schlecht«, dann muss es zwischen den Bildern Unterschiede geben. Dann gibt es offenbar Eigenschaften, die ein Ding zu einem »guten« Ding machen. Doch das ist ein Irrtum, meinte der britische Philosoph G. E. Moore. Wer »gut« zu definieren versucht, indem er den Begriff mit bestimmten Eigenschaften gleichsetzt, begeht nach Moore einen »naturalistischen Fehlschluss«. Das Wort »gut« kann man nämlich genauso wenig definieren wie etwa das Wort »gelb«. Werturteile lassen sich nicht aus Tatsachen ableiten: Aus der Tatsache »Rauchen ist ungesund« folgt also nicht, dass Rauchen schlecht ist. Die Farbe Gelb kann man zwar nicht abstrakt definieren. Aber ich kann Ihnen wenigstens erklären, was Gelb bedeutet, indem ich Ihnen gelbe Dinge zeige. Bei dem Wort gut ist es offenbar anders. Wenn ich Ihnen einen guten Schraubenzieher zeige, einen guten Arzt und ein gutes Klavier, dann werden sie kaum Gemeinsamkeiten finden. Offenbar bedeutet das Wort »gut« in jedem dieser Fälle etwas anderes. Selbst wenn sie wüssten, was eine gute Uhr oder einen guten Schraubenzieher ausmacht, wüssten Sie immer noch nicht, was ein gutes Klavier ausmacht. Und wenn Sie den Gegenstand noch nie gesehen haben, wissen Sie womöglich gar nicht, welche Kriterien Sie anwenden sollen. Und doch gibt es offenbar eine Gemeinsamkeit. Wenn sie gesund werden wollen, werden sie eher zu einem guten Arzt gehen als zu einem schlechten. Und als Klavierspieler werden Sie ein gutes Klavier zweifellos einem schlechten vorziehen.

Wertbegriffe wie »gut« haben offenbar die Funktion, etwas zu empfehlen, sie leiten uns zum Handeln an. Das behauptete jedenfalls der amerikanische Moralphilosoph Richard M. Hare.

Seine Auffassung wird als Präskriptivismus bezeichnet. Wenn wir sagen, dass etwas gut ist, so meinen wir eigentlich, dass wir dieses Etwas einem weniger Gutem vorziehen. Aus dieser Sicht können wir verstehen, was das Wort »gut« bedeutet, ohne die Kriterien zu kennen, nach denen etwas gut ist. Von Hare stammt folgendes Gedankenexperiment: Stellen Sie sich vor, Sie sind bei einem fremden Volk zu Besuch. Dort verspricht Ihnen der Gastgeber, Ihnen ein bestimmtes Spiel namens »Smashmak« zu erklären, das von seinem Volk gespielt wird. Bevor er Ihnen sagt, worum es in dem Spiel geht, erklärt er Ihnen, dass das Spiel mit einem »Shmakum« gespielt wird. Shmakums, so erfahren Sie, kaufen Smashmak-Spieler beim Shmakum-Macher, der alle möglichen Shmakums im Angebot hat. Nun werden Sie neugierig und fragen Ihren Gastgeber, welche Art von Shmakum ein Spieler wählen sollte, wenn der Preis gleich ist. »Natürlich das Shmakum, mit dem er die meisten Smashes machen kann«, antwortet Ihr Gastgeber. Was »Smashes« sind, ist Ihnen natürlich völlig schleierhaft. Trotzdem wissen Sie nun, was Ihr Gastgeber unter einem »guten Shmakum« versteht, obwohl Sie nicht die geringste Ahnung von den Kriterien haben, die ein gutes Shmakum ausmachen.

Angenommen, Sie wollen wissen, was ein »gutes Getränk« ist. Natürlich sind die Geschmäcker verschieden, die einen mögen Wein, die anderen Bier. Offenbar messen Menschen ein gutes Getränk an verschiedenen Kriterien. Das heißt aber nicht, dass das Wort »gut« für verschiedene Menschen unterschiedliche Bedeutungen hat. Egal ob Sie Wein oder Bier bevorzugen: In jedem Fall verstehen Sie unter einem »guten Getränk« eines, das Ihnen schmeckt. Wenn Sie der Aussage zustimmen, dass Wein »besser« ist als Bier, dann bedeutet das nichts anderes, als dass Sie unter sonst gleich bleibenden Umständen Wein vorziehen würden. Doch diese Sicht hat eine Schwäche. Offenbar beruht ihr Urteil auf bestimmten Qualitäten des Getränks. Aber selbst wenn Sie zu dem Schluss kommen, dass Sie Wein »besser« finden als Bier, so heißt das noch lange nicht, dass Sie deswegen in einer bestimmten Situation immer Wein bestellen werden. Sie könnten auch einfach nur Durst haben – und sich deshalb für das Bier entscheiden. Es macht einen Unterschied, ob wir etwas für gut halten oder es tatsächlich vorziehen. Unser Gebrauch des Wortes »gut« hängt also offenbar nicht allein von unseren Präferenzen ab. Aber wenn das stimmt: Haben »gute« Dinge dann womöglich doch etwas »Gutes« an sich?

Nehmen Sie noch einmal den Vergleich mit Farben. Zwischen den Eigenschaften »gut« und »gelb« gibt es offenbar einen sprachlogischen Unterschied. Aus den Sätzen »Das ist ein gelber Vogel« und »Ein Vogel ist ein Tier« lässt sich folgern: »Das ist ein gelbes Tier«. Hingegen kann man aus den Sätzen »Das ist ein guter Arzt« und »Ein Arzt ist ein Mensch« keineswegs schließen: »Das ist ein guter Mensch.« Das Adjektiv »gut« scheint irgendwie am Substantiv »Arzt« zu hängen. Offenbar ist die Frage, was ein »guter« Arzt ist, eng damit verknüpft, was wir unter einem »Arzt« verstehen. Die Funktion eines Arztes ist, Krankheiten zu heilen. Wenn wir das wissen, haben wir auch ein erstes Kriterium, nach dem wir entscheiden können, was ein »guter Arzt« ist. Ein Arzt, der seine Patienten regelmäßig zu Tode bringt, statt sie zu heilen, ist eben kein guter Arzt. Das erklärt zwar noch nicht, was ein »guter« Arzt und ein »guter Bundespräsident« gemeinsam haben – außer dass beide irgendwie »gut« sind. Aber offenbar gibt es bestimmte Kriterien, an denen wir uns orientieren können. In der Regel sind das allgemein akzeptierte Standards. Wenn Sie ein gutes Auto zum Verkauf anbieten, dann erwartet der Verkäufer zu Recht, dass es sich nicht um einen Schrotthaufen handelt. Was »gut« ist, hängt also nicht nur von unserer Bewertung ab, sondern auch von objektiven Kriterien. Wenn das aber stimmt, ist die völlige Trennung zwischen Tatsachen und Werturteilen offenbar falsch. Dann können wir eben nicht willkürlich darüber befinden, was gut ist und was nicht. Und das ist auch gut so.

Zum Weiterlesen:
Richard Hare, *The Language of Morals*, Oxford 1991.

Gibt es Wasser auf der Zwillingserde?

Warum die Bedeutung von Wörtern nicht in unserem Kopf ist – und was das mit unseren kosmischen Doppelgängern zu tun hat

Woher wissen sie, was das Wort Wasser bedeutet? Nun ja, werden Sie vielleicht sagen: Ich habe bestimmte Vorstellungsbilder, was Wasser ist. Dass Wasser flüssig und farblos ist, dass es in Seen und Flüssen vorkommt – und dass es sich um die chemische Verbindung H_2O handelt. Die Bedeutung des Wortes, so scheint es, steckt also irgendwie in unserem Kopf. Doch diese Annahme ist falsch, glaubt der amerikanische Philosoph Hilary Putnam. Wenn Sie und ich gleichzeitig denken, »ich bin spät dran«, dann haben wir zwar beide den gleichen Gedanken. Doch das Wort »ich« in meinem Kopf bezieht sich auf mich, das Wort »ich« in Ihrem Kopf auf Sie. Und offenbar macht es einen Unterschied, ob ich den Gedanken »Ich bin spät dran« am Dienstag oder Mittwoch habe: Das Wort »bin« bezieht sich jedes Mal auf verschiedene Zeitpunkte. Okay, könnten Sie nun sagen: Bei Wörtern wie »›ich‹, ›dies‹ oder ›hier‹« scheint das nicht besonders mysteriös zu sein. Aber nun nehmen Sie das Wort Wasser. Als gebildeter, erwachsener Mensch wissen Sie natürlich, dass Wasser die chemische Verbindung H_2O ist. Aber vermutlich wären Sie nicht in der Lage, Wasser von anderen farblosen Flüssigkeiten zu unterscheiden. Trotzdem können wir alle den Begriff Wasser im Alltag zuverlässig verwenden, ohne auch nur das geringste von Chemie zu verstehen. Wir verlassen uns dabei einfach auf die Detailkenntnisse von Experten, die über H_2O besser Bescheid wissen als wir. Mit anderen Worten: Nicht wir als Sprecher bestimmen, worauf sich das Wort Wasser bezieht, sondern die Sprachgemeinschaft, an der wir teilnehmen. Doch Putnam ging noch einen Schritt weiter: Die Bedeutung eines Begriffs hängt zum Teil auch von der Außenwelt ab. Stellen Sie sich einen Planeten namens Zwillingserde vor, der unserem Planeten gleicht bis ins letzte Molekül.

Jeder von uns hat dort einen Doppelgänger, der ebenfalls Molekül für Molekül mit uns identisch ist. Unser Doppelgänger hat sogar die exakt gleichen Geisteszustände wie wir. Was ich glaube oder wünsche, das glaubt oder wünscht auch mein Double auf Zwillingserde. Zwischen Erde und Zwillingserde gibt es überhaupt nur einen einzigen Unterschied. Während wir das Wort Wasser für die chemische Verbindung H_2O verwenden, bezeichnet das Wort auf Zwillingserde die Verbindung XYZ. Für den gewöhnlichen Beobachter gibt es zwischen Wasser und XYZ jedoch keinerlei Unterschied. XYZ schmeckt genauso wie Wasser, es ist genauso farblos – und Flüsse und Seen bestehen auf Zwillingserde aus XYZ wie auf der Erde aus H_2O. Und doch gibt es offenbar einen wesentlichen Unterschied: Das Wort Wasser auf Zwillingserde bezeichnet XYZ-Moleküle, während es sich auf der Erde auf H_2O-Moleküle bezieht. Stellen wir uns nun die gleiche Situation im Jahr 1750 vor. Zu dieser Zeit wissen die Erdenbewohner noch nicht, dass Wasser aus Wasserstoff und Sauerstoff besteht. Und die Menschen auf Zwillingserde wiederum wissen nicht, dass die Flüssigkeit, die sie als Wasser bezeichnen, in Wirklichkeit XYZ ist. In Unkenntnis der chemischen Unterschiede haben sie die gleichen Überzeugungen zu »Wasser«. Trotzdem beziehen sie sich auf einen ganz anderen Stoff. Folglich kann es nicht der Geisteszustand allein sein, der den Bezug des Wortes Wasser bestimmt. »Bedeutungen sind nicht im Kopf«, sagt Putnam. Wenn Sie also jemals Zwillingserde besuchen, sollten sie vorsichtig sein, wenn sie ein Glas Wasser trinken. Wer weiß, ob es Ihnen bekommt!

Zum Weiterlesen:
Hilary Putnam, *Vernunft, Wahrheit und Geschichte*, Frankfurt am Main 1982.

Versprochen ist versprochen

Warum Versprechen nicht bloß Worte, sondern Taten sind – und warum es keine falschen Versprechungen gibt

Warum sollte man ein Versprechen halten? Es sind doch nur Worte, könnten Sie sagen – nichts als Worte. Trotzdem versuchen wir im Allgemeinen, Versprechen einzuhalten. Und wir vertrauen darauf, dass auch andere dies tun. Das klingt nach sprachlicher Magie: Wie können uns bloße Worte dazu verpflichten, etwas zu tun?

Lange dachten die Philosophen, dass die Funktion von Sprache darin bestehe, Sachverhalte zu beschreiben. Sätze können demnach wahr oder falsch sein. Nach der Theorie der Sprechakte ist jedoch jede sprachliche Äußerung eine Handlung, so, wie es bei den Worten drohen, befehlen usw. offensichtlich ist. Wenn Sie jemandem etwas »versprechen«, vollziehen Sie eine Handlung – nämlich die, ein Versprechen abzugeben. Die Äußerung »Ich verspreche Dir« schafft also den gleichen Sachverhalt, den sie beschreibt. Die bloße Ankündigung »Ich werde kommen« verpflichtet Sie nicht, auch tatsächlich zu kommen. Schließlich könnten Sie es sich auch anders überlegen. Mit einem Versprechen legen Sie sich fest. Wenn Sie etwas versprechen, dann steht es Ihnen nicht frei, etwas anderes tun. Das Versprechen selbst liefert Ihnen die Gründe für Ihr Handeln, und zwar unabhängig von Ihren Neigungen und Wünschen. Wenn Sie versprochen haben, zum Abendessen zu kommen, dann sind Sie eben verpflichtet, tatsächlich zu kommen – und zwar nicht nur dann, wenn Sie Lust dazu haben.

Das heißt natürlich nicht, dass es keine Gründe geben kann, ein Versprechen zu brechen. Aber wer sein Versprechen gebrochen hat, kann sich nicht einfach damit rechtfertigen, dass es unterm Strich besser oder schlauer war, so zu handeln. Von einer solchen Person würden wir denken, dass sie nicht verstanden hat, was ein Versprechen eigentlich ist – und wie die Praxis des Versprechens funktioniert. Der Sprechakt des Versprechens muss bestimmte Bedingungen erfüllen. Jedes Versprechen bezieht sich offenbar auf das zukünftige Handeln desjenigen, der das Versprechen abgibt: ich kann also nicht versprechen, dass ich etwas in der Vergangenheit getan habe. Ebensowenig kann ich versprechen, dass jemand anderes etwas tun wird – dass Deutschland etwa nächster Fußball-Weltmeister wird. Und sicherlich reicht es auch nicht, jemandem bloß zu versichern, dass man etwas Bestimmtes tun wird. Der Empfänger des Versprechens muss offenbar auch wollen, dass ich das tue. Eine Drohung oder Warnung ist kein Versprechen. Ein Polizeibeamter kann einem Einbruchsopfer versprechen, alles zu tun, damit der Täter gefasst wird. Aber es wäre merkwürdig, das Gleiche dem Täter zu versprechen. schließlich hat der ja keinerlei Interesse daran, gefangen zu werden. Offenkundig kann ich auch nicht versprechen, etwas zu tun, von dem jeder weiß, dass ich es ohnehin tun werde. Wenn ich Ihnen hoch und heilig verspreche, Sie nicht zu töten, dann werden Sie das vermutlich wenig beruhigend finden. Eher werden Sie denken, dass ich die Möglichkeit zumindest erwogen habe, Sie tatsächlich umzubringen. Sonst müsste ich ja nicht versprechen, es nicht zu tun.

Jedes ehrliche Versprechen erfordert offenbar die Absicht des Versprechenden, das zu tun, was er versprochen hat. Aber was ist, wenn ich Ihnen etwas verspreche, ohne dass ich auch nur die geringste Absicht habe, mein Versprechen zu halten? Offenbar gibt es keine »falschen Versprechen«. Schließlich sage ich ja nicht die Unwahrheit. Mein Versprechen beschreibt nicht einfach meine Absicht, etwas zu tun. Wenn ich Ihnen etwas »verspreche«, dann verspreche ich Ihnen tatsächlich etwas. Meine Äußerung schafft einen neuen Sachverhalt, sie verändert die Welt. Mein Versprechen kann ehrlich oder unehrlich sein. Aber es ist eine Tatsache. Und die verschwindet nicht dadurch, dass ich hinter meinem Rücken die Finger kreuze. Es gibt also einen sehr einfachen Grund, Versprechen zu halten: Gesagt ist gesagt – und versprochen ist versprochen.

Zum Weiterlesen:
John R. Searle, *Sprechakte. Ein sprachphilosophischer Essay*, Frankfurt am Main 1983.

Vom Hörensagen

Sprachliche Ausdrücke können das Gleiche bedeuten, ohne sich auf den gleichen Gegenstand zu beziehen. Aber wie soll das gehen?

Angenommen, Sie erklären mir, dass Ihr Nachbar ein »netter Typ« ist. Was Sie nicht wissen: Ihr Nachbar ist ein gesuchter Terrorist. Heißt das, dass Sie einen Terroristen für einen netten Typen halten? Natürlich nicht, werden Sie sagen. Ich wusste doch nicht, um wen es sich da handelt! Aber nun könnte ich Ihnen entgegenhalten: Ihr Nachbar und der Terrorist sind doch identisch. Und wenn Sie sagen, dass Ihr Nachbar ein netter Typ ist, und Ihr Nachbar identisch mit einem gesuchten Terroristen ist – dann sagen Sie doch auch, dass der Terrorist ein netter Typ ist. Irgendetwas läuft hier offenbar in die falsche Richtung. Was heißt es, dass zwei Dinge identisch sind? Normalerweise würden wir sagen: Zwei Dinge sind identisch, wenn sie sich genau gleichen – wenn sie sich also durch nichts voneinander unterscheiden. Das kann man auch so ausdrücken: Zwei Gegenstände sind dann identisch, wenn alle Eigenschaften, die auf den einen Gegenstand zutreffen, auch auf den anderen zutreffen. Nun könnte man meinen: Wenn sich zwei sprachliche Ausdrücke auf den gleichen Gegenstand beziehen, dann kann man sie auch gegeneinander austauschen, ohne dass der Satz dadurch falsch wird. Doch das ist nicht der Fall. Dahinter steht ein philosophisches Rätsel, das schon den britischen Philosophen Bertrand Russell beschäftigt hat. Nehmen Sie den Satz: »Thomas Mann war der Autor der Buddenbrooks.« Thomas Mann ist tatsächlich identisch mit dem »Autor der Buddenbrooks«. Wann immer in einem Satz »Thomas Mann« vorkommt, müsste man also stattdessen »Autor der Buddenbrooks« einsetzen können, ohne dass der Satz dadurch falsch wird. Bei vielen Sätzen funktioniert das auch. Zum Beispiel bei folgendem: »Thomas Mann emigrierte in die USA.« Stattdessen könnte man auch sagen: »Der Autor der Buddenbrooks emigrierte in die USA.« Kein Problem – der Satz bleibt wahr. Schließlich war der Autor der Buddenbrooks nun mal niemand anderes als Thomas Mann. Aber nun nehmen Sie folgenden Satz: »Peter will wissen, ob Thomas Mann der Autor der Buddenbrooks war.« Nun ist aber Thomas Mann identisch mit dem Autor der Buddenbrooks. Also kann man den einen Ausdruck durch den anderen ersetzen. Aber das führt zu einem merkwürdigen Ergebnis: »Peter will wissen, ob Thomas Mann Thomas Mann ist.« Dass dies tatsächlich der Fall ist, kann er aber leicht selbst herausfinden. Es wird aber noch mysteriöser. Betrachten Sie folgenden Schluss: »Thomas Mann war der Autor der Buddenbrooks. Peter glaubt, dass der Autor der Buddenbrooks in die USA emigrierte. Also glaubt Peter auch, dass Thomas Mann in die USA emigriert ist.« Wieder haben wir den Ausdruck »Thomas Mann« für »Autor der Buddenbrooks« eingesetzt. Doch dieser Schluss ist nicht immer wahr – aus einem einfachen Grund: Es könnte ja sein, dass Peter nicht weiß, dass Thomas Mann und der Autor der Buddenbrooks identisch sind. Philosophen nennen dieses Phänomen »Intensionalität«. Damit sind Aussagen gemeint, in denen man nicht jeden Ausdruck durch einen Ausdruck ersetzen kann, der sich auf den gleichen Gegenstand bezieht, ohne dass sich dadurch der Wahrheitsgehalt ändert. Der Ausdruck »Peter glaubt, dass der Autor der Buddenbrooks in die USA emigriert ist« ist ein solcher Fall. Wenn man »Autor der Buddenbrooks« durch »Thomas Mann«

ersetzt, begeht man den Fehlschluss, Peter glaubte, dass Thomas Mann in die USA emigriert ist – und das muss eben nicht der Fall sein. Aber wie ist das möglich, wenn »Thomas Mann« und der »Autor der Buddenbrooks« ein und dieselbe Person sind? Offenbar hat das Rätsel etwas mit »Intentionalität« (mit einem t!) zu tun – nämlich mit der Tatsache, dass geistige Zustände auf Gegenstände in der Welt gerichtet sind. Der Satz »Peter glaubt, dass der Autor der Buddenbrooks in die USA emigriert ist« macht eine Aussage über einen solchen Zustand – nämlich über Peters Überzeugung. Diese Überzeugung ist dann wahr, wenn es den Autor der Buddenbrooks gegeben hat und dieser tatsächlich in die USA emigriert ist. Aber wenn ich feststelle, dass Peter glaubt, der Autor der Buddenbrooks sei in die USA emigriert, dann berichte ich über Peters Überzeugung, ohne mich auf deren Wahrheit festzulegen – also gleichsam durch Hörensagen. Die Feststellung, dass Peter diese Überzeugung hat, kann wahr sein, ohne dass seine Überzeugung selbst zutreffend ist. Wenn ich also die Feststellung mache, dass Sie glauben, Ihr Nachbar sei ein netter Typ, dann sage ich damit etwas über Ihren Geisteszustand – aber nicht darüber, ob Ihr Nachbar wirklich ein netter Typ ist.

Der grammatikalische Gottesbeweis

Wie man mit Eigenheiten der Sprache die Existenz Gottes beweisen kann

Tatsachen haben eine bemerkenswerte Eigenschaft: Sie werden offenbar nicht falsch. Denn was heute wahr ist, das muss auch in Zukunft wahr gewesen sein. Wenn ich heute mit Freunden zusammensitze, dann wird es auch morgen wahr sein, dass ich heute mit Freunden zusammengesessen habe. Die vollendete Vergangenheit oder *futurum exaktum* ist also mit dem Präsens verbunden: Wenn ich von etwas sage, dass es ist, dann heißt das nichts anderes als zu sagen, es sei in Zukunft gewesen. In diesem Sinne ist Wahrheit ewig, wie einige Denker schon im Mittelalter erkannten. Denn wenn es irgendwann in Zukunft nicht mehr wahr wäre, dass ich heute mit Freunden zusammengesessen habe, dann kann es auch heute nicht wahr sein, dass ich mit Freunden zusammensitze. Das Vergangene existiert weiter in unserer Erinnerung. Aber was, wenn sich niemand mehr erinnert? Wenn es überhaupt keine Menschen mehr gäbe? Selbst wenn es keine Erde mehr gibt, bleibt es immer noch wahr, dass ich heute mit Freunden zusammengesessen habe. Der Philosoph Robert Spaemann hat versucht, daraus sogar eine Art Gottesbeweis abzuleiten. Zur Vergangenheit gehört eine Gegenwart, deren Vergangenheit sie ist. Gegenwart ist aber immer nur als bewusste Gegenwart zu verstehen – also als Gegenwart, die von jemandem erlebt wird. Wenn es aber keine bewusste Gegenwart mehr gibt, weil überhaupt nichts mehr existiert, dann ist auch die Vergangenheit ausgelöscht. Dann wäre es also tatsächlich nicht mehr wahr, dass ich heute mit Freunden zusammengesessen habe. Doch dann ist es eben auch heute nicht wahr, dass ich mit Freunden zusammensitze. Und das können wir nicht denken, sagt Spaemann: »Wenn gegenwärtige Wirklichkeit einmal nicht mehr gewesen sein wird, dann ist sie gar nicht wirklich.« Also muss es ein Bewusstsein geben, in dem alles, was geschieht, aufgehoben ist. Und dieses Bewusstsein könnten wir Gott nennen. So gesehen wäre die Existenz Gottes also eine Frage der Grammatik. Und auch wenn Sie diesen Beweis Spaemanns nicht glauben: Es wird bis in alle Ewigkeit wahr bleiben, dass Sie jetzt gerade darüber gelesen haben.

Zum Weiterlesen:
Robert Spaemann, *Der letzte Gottesbeweis*, mit einer Einführung in die großen Gottesbeweise und einem Kommentar zum Gottesbeweis Robert Spaemanns von Rolf Schönberger, München 2007.

Irreale Bedingungen

Wenn Sie dieses Buch nicht gekauft hätten, könnten Sie jetzt nicht dieses Denkstück lesen

»Wenn ich meine Arbeit früher erledigt hätte, könnte ich jetzt Feierabend machen.« Sätze dieser Art nennt man irreale Bedingungssätze. Von normalen Konditionalsätzen unterscheiden sie sich dadurch, dass ihr Vordersatz falsch ist. Solche Sätze werfen viele interessante philosophische Probleme auf. Nehmen Sie zum folgendes Beispiel: »Wenn die Amerikaner Osama bin Laden nicht getötet hätten, wäre Osama bin Laden nicht getötet worden.« Der Satz ist natürlich nur wahr, wenn man annimmt, dass niemand sonst Bin Laden getötet hätte.

Irreale Bedingungssätze können zu interessanten Fehlschlüssen führen. Normale Bedingungssätze sind transitiv. Nehmen Sie folgendes Beispiel: »Wenn Otto zur Party geht, dann geht auch Anna zur Party. Wenn Anna zur Party geht, dann geht auch Thomas zur Party. Daraus folgt schließlich: Wenn Otto zur Party geht, dann geht auch Thomas zur Party.« Aber nun nehmen Sie folgendes Argument: »Wenn Osama bin Laden in New York geboren wäre, dann wäre er ein Geschäftsmann geworden. Wenn er ein Geschäftsmann geworden wäre, dann wäre er kein Terrorist geworden. Schlussfolgerung: Wenn Osama bin Laden in New York geboren worden wäre, dann wäre er kein Terrorist geworden.« Und diese Folgerung kann nun wirklich nicht stimmen.

Irreale Bedingungssätze scheinen sich irgendwie merkwürdig zu verhalten – und das hat einen tieferen Grund. Das Problem der irrealen Bedingungssätze hat unter anderem mit »Gesetzen« zu tun – also mit Sätzen, die zu Voraussagen herangezogen werden können. Betrachten Sie etwa den Satz: »Wenn man diesen Zuckerwürfel ins Wasser werfen würde, dann würde er sich auflösen.« Dieser Satz stimmt natürlich nur, wenn die gesetzartige Aussage »Wasser löst Zucker auf« wahr ist. Das »Gesetz« unterstützt offenbar den Bedingungssatz. Denn wenn es falsch wäre, dass Wasser Zucker auflöst, dann könnte man den Zuckerwürfel ins Wasser schmeißen und lange warten – er würde sich nicht auflösen. Aber nun nehmen Sie die Aussage »Alle Münzen in meiner Tasche sind aus Silber«. Aus dieser Aussage können Sie scheinbar korrekt schließen: »Wenn ein Euro in meiner Hosentasche wäre, dann wäre er aus Silber.« Aber das ist natürlich Unsinn. Denn Eurostücke sind nun mal nicht aus Silber. Aus der Aussage, dass alle Münzen in meiner Hosentasche aus Silber sind, kann ich offenbar nicht ableiten, dass ein Euro in meiner Hosentasche aus Silber ist. Im Gegenteil: Wenn tatsächlich ein Euro in meiner Hosentasche ist, dann muss die allgemeine Aussage falsch sein, wonach alle Münzen in meiner Hosentasche aus Silber sind. Aber wo liegt das Problem? Und was unterscheidet die beiden Fälle, also den »Zucker« und den »Euro«?

Offenbar kann man den ersten Satz »Wasser löst Zucker auf« dazu benutzen, Voraussagen zu treffen – dass sich nämlich ein Zuckerwürfel auflöst, wenn man ihn ins Wasser wirft. Die Aussage beschreibt also ein Gesetz. Im zweiten Fall kann ich eine solche Voraussage nicht treffen. Der Satz »Alle Münzen in meiner Tasche sind aus Silber« beschreibt eben eine zufällige Tatsache und kein Gesetz. Ob ein irrealer Bedingungssatz wahr oder falsch ist, hängt offenbar davon ab, ob ihm ein Gesetz zugrunde liegt oder nicht. Insofern sollten Sie nicht traurig sei: Der Euro in Ihrer Hosentasche kann zwar nicht aus Silber sein. Allerdings hätten Sie auch nie einen Silber-Euro da finden können.

Zum Weiterlesen:
Nelson Goodman, *Tatsache, Fiktion, Voraussage*, mit einem Vorwort von Hilary Putnam, Frankfurt am Main 1988.

Wie rot ist Röte?

Das Problem der Universalien treibt die Denker seit Platon um. Existieren sie nun oder nicht?

Was haben ein rotes Kleid und ein rotes Auto gemeinsam? Dass beide rot sind, werden Sie sagen. Das Kleid und das Auto haben also die gleiche Farbe – nämlich Rot. Und vermutlich könnten Sie noch unzählige Beispiele für verschiedene Dinge geben, die nur eins gemeinsam haben – dass sie rot sind. Aber was ist dieses Rote, das alle diese Dinge verbindet? Steckt es irgendwie in den Dingen selbst – oder existiert es auch unabhängig von ihnen? Das ist das berühmte Universalienproblem, das die Philosophen seit Platon beschäftigt. Eine Universalie ist ein abstrakter Gegenstand. Etwas ist eine Universalie genau dann, wenn es mehreren Entitäten zukommen kann: Wenn »Röte« also eine Universalie ist, dann ist jedes rote Ding eine Instanz davon. Nach Platons Auffassung muss es irgendein Urbild des Roten geben, das der Vielfalt roter Dinge zugrunde liegt. Das rote Kleid ist demnach rot, weil es an der »Idee« des »Roten« Anteil hat. Und analog gilt das für alle anderen Allgemeinbegriffe, also für Begriffe, die sich auf viele Dinge beziehen können: Ein bestimmter Tisch hat Anteil an der Idee »Tisch«, ein bestimmter Mensch an der Idee Mensch und so weiter. Die Ideen sind gleichsam die Modelle der Einzeldinge, und daher müssen sie auch auch unabhängig von den sinnlich wahrnehmbaren Dingen existieren – in einer zweiten, rein geistigen Realität. (Als ein Zuhörer einmal Platon gegenüber Zweifel äußerte: »Einen Tisch sehe ich, eine Tischheit aber nicht«, soll der Philosoph geantwortet haben: »Weil du zwar die Augen hast, einen Tisch zu sehen, um aber die Tischheit zu sehen, fehlt dir der Verstand.«)

Aristoteles lehnte Platons Ideenlehre ab. Seine Argumente laufen im Wesentlichen auf den Vorwurf hinaus, die Annahme der Existenz von Ideen führe zu einer unnötigen Verdoppelung der Wirklichkeit – und damit zu Widersprüchen. Nehmen wir zum Beispiel die Idee Mensch. Zwischen einem einzelnen Menschen und der Idee Mensch muss offenbar eine Beziehung bestehen, sonst könnte die Idee ja nicht erklären, was einzelne Menschen zu Menschen macht. Für diese Beziehung, also für das, was ein einzelner Mensch mit der Idee Mensch gemeinsam hat, braucht es dann aber eine weitere Idee, die ebenfalls real existieren muss – und damit gewissermaßen einen »dritten Menschen«. Nun stellt sich aber die Frage, was diese drei Entitäten, also der einzelne Mensch, die Idee Mensch und die »Zwischenversion«, gemeinsam haben – und das führt zu einem unendlichen Prozess. Aristoteles lehnte allerdings nicht die Ideen ab, sondern nur die Vorstellung, dass die Ideen losgelöst von den Einzeldingen existieren. Universalien wie »Menschsein« oder »Röte« existieren für Aristoteles nur als Eigenschaften konkreter Dinge. Aber dann fragt sich natürlich, wie »real« sie dann noch sind.

Die Frage, ob Platon oder Aristoteles recht hat, stand im Mittelalter im Zentrum des berühmten Universalienstreits. Die »Realisten« hielten Universalien für Entitäten, die unabhängig von ihren Begriffen existieren können. »Nominalisten« sahen darin nur allgemeine Ausdrücke, also Namen, die mehrere individuelle Dinge bezeichnen: Nach dieser Auffassung abstrahieren wir vermittels unserer Allgemeinbegriffe einfach nur die Ähnlichkeiten zwischen Dingen – eine Ansicht, die sich in der modernen Wissenschaft durchgesetzt hat. Man sollte meinen, damit habe sich das Universalienproblem erledigt. Doch das ist nicht der Fall. Der Logiker Gottlob Frege bemerkte, dass die Frage, ob Universalien existieren, mit der Sprache zu tun hat. Nach seiner Auffassung können wir einen Begriff oder eine Universalie gar nicht direkt benennen oder beschreiben. Wörter haben ihre Bedeutung erst im Satzzusammenhang. Nehmen Sie den Satz »Sokrates ist weise«. Nach Frege hat die Universalie »weise« ihre Bedeutung durch ihren Kontext, nämlich die Zuschreibung zu Sokrates. Nun könnte man der Universalie »weise« einen Namen geben, also »Weisheit«. Dann läuft der Satz »Sokrates ist weise« scheinbar auf das Gleiche hinaus wie

»Sokrates' Weisheit«. Aber zwischen diesen Ausdrücken gibt es einen großen Unterschied. Der Bezeichnung »Weisheit« fehlt offenbar etwas, das in der Zuschreibung der Eigenschaft »weise« zu Sokrates noch vorhanden ist – nämlich der Bezug zu Sokrates. Aus »Sokrates ist weise« können wir zwar schließen, dass es etwas gibt, das weise ist – nämlich Sokrates. Aber wir können nicht daraus schließen: »Es existiert etwas, das Weisheit ist.« Allerdings können wir immerhin eines sagen: »Es gibt etwas, von dem gilt: Sokrates ist dieses etwas.« Doch das heißt eben nicht, dass dieses Etwas auch unabhängig von Sokrates existiert. Universalien existieren also. Aber sie haben eine Existenz zweiter Ordnung: Sofern Sokrates existiert, existiert auch etwas, das weise ist. Auch wenn »Röte« also nicht existiert: Sofern Ihr Auto rot ist, gibt es offenbar etwas, das rot ist – und zwar nicht nur in Ihrem Kopf, sondern in Wirklichkeit.

Das doppelte Herz

Was eine Lüge ist, scheint jeder zu wissen.
Aber sie zu definieren ist gar nicht so leicht

Schon Kirchenvater Augustinus erkannte, dass nicht jeder lügt, der die Unwahrheit sagt. Schließlich kann man sich einfach irren. Darum lügt niemand, der nur das ausspricht, was er selbst glaubt oder meint – und mag es auch noch so falsch sein. Der Lügner hingegen hat ein »doppeltes Herz«: Er will uns etwas glauben machen, was er selbst nicht glaubt. Eine plausible Definition fand der britische Philosoph Bernard Williams (1929–2003): »Ich betrachte eine Lüge als Behauptung, die der Sprecher für falsch hält und die gemacht wird mit der Absicht, den Adressaten in Bezug auf den Inhalt zu täuschen.« Eine Lüge braucht offenbar einen Adressaten. Man kann nicht einfach seinen Tisch anlügen oder den Sonnenuntergang. Zudem muss ich die Absicht haben, den Adressaten zu täuschen – sonst wäre ja jeder Schauspieler oder Schriftsteller ein Lügner. Nach dieser Definition muss eine Lüge also nicht einmal eine falsche Behauptung sein. Es genügt, dass der Sprecher seine Behauptung für falsch hält. Angenommen, Sie fragen mich, wo Ihre Freundin steckt. Um Sie zu täuschen, behaupte ich, dass sie im Büro sitzt, während ich in Wirklichkeit glaube, dass sie gerade durch die Stadt flaniert. Nun stellt sich aber heraus, dass Ihre Freundin tatsächlich im Büro ist. Meine Behauptung erweist sich also als wahr. Trotzdem habe ich nach der obigen Definition gelogen, weil ich die Intention hatte, Sie zu täuschen. Aber kann man nicht auch lügen, ohne den anderen zu täuschen? So könnte ein Zeuge eines Verbrechens in einem Gerichtsverfahren lügen, weil er fürchten muss, im Fall einer belastenden Aussage umgebracht zu werden. Aber vielleicht will der Zeuge niemanden täuschen, sondern nur sich selbst schützen – und hofft sogar, dass ihm die Geschworenen nicht glauben. Dann lügt er zwar, aber ohne die Absicht, jemanden zu täuschen. Was eine Lüge ist, hängt offenbar vom Kontext ab, in dem wir eine Behauptung machen. Nach einer Definition ist eine wissentliche Falschbehauptung nur dann eine Lüge, wenn ich zugleich glaube, dass im jeweiligen Kontext eine Regel gilt, wonach man nichts sagen darf, was man selbst für falsch hält. So gesehen ist eine wissentlich falsche Zeugenaussage natürlich eine Lüge. Doch es gibt Gegenbeispiele. Ein Zeuge könnte sich einfach nicht darum kümmern, dass er keine Falschaussagen machen darf – und irgendwelche Dinge behaupten, von denen er annimmt, dass man sie ihm ohnehin nicht glaubt. Zum Beispiel könnte er behaupten, dass er in Wirklichkeit ein Marsmensch ist – und das wäre dann nicht einmal gelogen. Schon die Theologen des Mittelalters empfahlen einen Trick, um Lügen zu vermeiden, ohne die Wahrheit zu sagen. Eine dieser Tricks ist der geheime Vorbehalt. Wenn Sie etwas Irreführendes behaupten und im Geiste eine Ergänzung hinzufügen, sodass die Behauptung wahr wird, dann haben Sie nach gängigen Definitionen nicht gelogen. Schließlich sagen Sie ja nichts, was Sie selbst für falsch halten. Es ist eben eine Halbwahrheit. Und wenn jemand Ihre Behauptung falsch interpretiert, dann ist er selbst daran schuld. Ein berühmtes Beispiel ist die Geschichte des heiligen Athanasius, der – es ist die Zeit der Christenverfolgung – auf seine Verfolger trifft. Sie erkennen ihn nicht und fragen, ob er den »Athanasius« gesehen haben. »Ja, nicht weit von hier« soll er geantwortet haben. Keine Lüge, immerhin. Der moralische Nutzen des geheimen Vorbehalts ist allerdings höchst zweifelhaft. Das wissen wir spätestens seit Bill Clintons Versuch, seine Sexaffäre mit Monica Lewinsky zu vertuschen. »I did not have sexual relations with that woman«, erklärte Clinton unter Eid. Keine Lüge im eigentlichen Sinn, so dachte er wohl. Von der Lüge bis zum Sex: Alles eine Frage der Definition!

Die Klasse der Barbiere

Paradoxien sind mehr als Rätselaufgaben.
Paradox wird es oft dann, wenn mit der Logik etwas nicht stimmt – und das hat Folgen

Vielleicht kennen Sie folgendes Rätsel: In einem entlegenen sizilianischen Dorf gibt es einen Barbier, der alle (und nur die) Dorfbewohner rasiert, die sich nicht selbst rasieren. Die Frage ist nun: Wer rasiert eigentlich den Barbier? Offenbar kann er sich nicht selbst rasieren, denn er rasiert ja nur jene Bewohner, die sich nicht selbst rasieren. Aber wenn er sich nicht selbst rasiert, dann tut er es doch, weil er ja alle Bewohner rasiert, die sich nicht selbst rasieren. Offenbar stimmt hier etwas nicht. Die Geschichte beruht offenbar auf einer widersprüchlichen Voraussetzung – nämlich auf der Annahme, dass es einen Barbier gibt, der sich selbst genau dann rasiert, wenn er sich nicht rasiert. Einen solchen Barbier gibt es natürlich nicht. Die Geschichte beruht auf einer Paradoxie. Der Logiker R. M. Sainsbury versteht darunter eine »unannehmbare Schlussfolgerung, die durch einen scheinbar annehmbaren Gedankengang aus scheinbar annehmbaren Prämissen abgeleitet ist«. Manche Paradoxien sind harmlos, wie das Barbier-Beispiel, weil man schnell erkennt, was schiefläuft. Andere Paradoxien haben ganze Denkdisziplinen erschüttert. Das Beunruhigende an Paradoxien ist, dass sie oft auf schwerwiegende logische Fehler in einem Theoriegebäude hinweisen. Und wenn sie sich nicht auflösen lassen, bricht womöglich das ganze Gebäude zusammen. Eines der berühmtesten Beispiele ist Russells Paradoxie über Klassen, besser bekannt als Russell'sche Antinomie. Der Hintergrund: Gegen Ende des 19. Jahrhunderts versuchte der deutsche Mathematiker und Logiker Gottlob Frege, die Mathematik auf die Grundlagen der Logik zu stellen. Doch Bertrand Russell entdeckte in Freges Arbeiten einen logischen Widerspruch, der das ganze Projekt zunichte machen sollte. Als er Frege in einem Brief von seiner Entdeckung unterrichtete, soll der tief bestürzt reagiert haben. Bei der Russell'schen Antinomie geht es um Grundbegriffe der Logik: Jedes Individuum, also etwa ein einzelner Mensch, ein einzelner Hund usw. ist Element einer Klasse – also der Klasse der Menschen, der Hunde usw. Nun können solche Klassen offenbar wiederum Elemente von Klassen sein. Die Klasse der Hunde etwa ist ein Element der Klasse der Säugetiere. Nun sind die meisten Klassen nicht Elemente von sich selbst. So ist die Klasse der Hunde selbst kein Hund. Doch es gibt auch Klassen, die tatsächlich Elemente von sich selbst sind. Nehmen Sie die Klasse aller Nichtmenschen – also die Klasse aller Dinge, die keine Menschen sind. Nun ist die Klasse aller Nichtmenschen selbst kein Mensch – und folglich ein Element ihrer selbst. Und genauso ist natürlich auch die Klasse aller Klassen selbst wiederum eine Klasse – und damit ein Element ihrer selbst. Aber nun nehmen Sie die Klasse aller Klassen, die sich nicht selbst als Element enthalten. Nennen wir diese Klasse R. Die Frage ist nun: Ist diese Klasse R ein Element ihrer selbst? Nehmen wir zunächst an, dass sie ein Element ihrer selbst ist. Dann muss R aber die Bedingung erfüllen, dass sie kein Element ihrer selbst ist – also ein Widerspruch. Nun nehmen Sie an, die Klasse R ist kein Element ihrer selbst. Wenn sie aber kein Element ihrer selbst ist, dann gehört sie zu R. Denn R ist ja genau die Klasse aller Klassen, die sich nicht selbst enthalten. Daraus folgt also: Die Klasse R enthält sich genau dann selbst, wenn sie sich nicht selbst enthält – und das ist eine handfeste Paradoxie. Und weit weniger harmlos als die kleine Barbier-Geschichte. Diese lässt sich einfach so auflösen: Es gibt keinen Barbier, der sich genau dann selbst rasiert, wenn er sich nicht selbst rasiert. Bei Russells Antinomie ist es jedoch ganz anders. Denn nach unserem Verständnis von Klassen müssen wir annehmen, dass auch eine solche Klasse R existiert. Russells Paradox zwingt uns aber, diese Auffassung aufzugeben. Ein verwandtes Paradox bezieht sich auf Eigenschaften. Tatsächlich treffen die meisten Eigenschaften nicht auf sich selbst zu – zum Beispiel auf die Eigenschaft, ein Hund zu sein. Schließlich ist die Eigenschaft, ein Hund zu sein, eine Eigenschaft – und kein Hund. Doch einige Eigenschaften treffen durchaus auf sich selbst zu – wie etwa die Eigenschaft, eine Eigenschaft zu sein. Das führt natürlich zu einer naheliegenden Frage: Ist die Eigenschaft aller Eigenschaften, die nicht auf sich selbst zutreffen, selbst eine Eigenschaft?

Zum Weiterlesen:
R. M. Sainsbury, *Paradoxien*,
Stuttgart 2010.

Wittgensteins Watschen

Ludwig Wittgenstein war ein guter Lehrer, aber nicht der angenehmste Pädagoge

Was hätte Ludwig Wittgenstein wohl zur letzten Pisa-Studie gesagt? Als Lehrer war der Philosoph jedenfalls umstritten – und gefürchtet für seine Strenge. Schon während des Ersten Weltkriegs hatte er seinen *Tractatus logico philosophicus* geschrieben und darin, wie er dachte, alles Wesentliche gesagt. Nach seiner Rückkehr aus der Gefangenschaft beschloss er, ein neues Leben zu beginnen – und trat im abgeschiedenen Trattenbach in Niederösterreich eine Stelle als Volksschullehrer an. Seinen pädagogischen Aufgaben widmete er sich wohl mit ähnlicher Leidenschaft wie seiner Philosophie. Einerseits war Wittgenstein ein engagierter, ja moderner Lehrer, der seine Schüler zu selbständigem Denken erziehen wollte. So nahm er die Kinder mit auf nächtliche astronomische Exkursionen oder ließ sie auf Wanderungen Pflanzen bestimmen; bei Wien-Ausflügen lernten sie, architektonische Stile zu unterscheiden. Anatomische Kenntnisse vermittelte Wittgenstein, indem er die Schüler Katzenskelette zusammenkleben ließ. Diktate korrigierte er nicht, sondern strich die Fehler nur an – die Kinder sollten ihre Irrtümer selbst erkennen. Seinen Lieblingsschülern gab er sogar noch Sonderunterricht außerhalb der Schulstunden. Unbegabte Kinder hatten bei Wittgenstein allerdings wenig zu lachen – vor allem jene, die schwach in Mathe waren. Der Philosoph traktierte seine Klasse schon frühmorgens mit anspruchsvollem Algebra-Unterricht. Das verärgerte viele Eltern und Kollegen, die den Fremden ohnehin für einen Sonderling hielten. Ausgerechnet der vergeistigte Philosoph, so wird berichtet, wurde gern mal handgreiflich. Nach den Erinnerungen seiner Schüler setzte es Ohrfeigen, wenn sie Aufgaben nicht verstanden, und eine Schülerin soll er derart fest an den Haaren gezerrt haben, dass diese ihr beim Kämmen gleich büschelweise ausfielen. Einmal habe Wittgenstein sie gefragt, wie viele Meter ein Kilometer habe, berichtete die Schülerin Anna Brenner. Als sie darauf keine Antwort wusste, bekam sie eine Ohrfeige. Später habe Wittgenstein sie ins Lehrerzimmer gebeten und gefragt, warum sie denn die Antwort nicht gewusst hätte – ob sie etwa krank sei. Da habe sie gelogen und mit Ja geantwortet. Daraufhin habe Wittgenstein sie angefleht: »Wenn es so ist, dann bitte, bitte, liebe Brenner, kannst du mir verzeihen?« Als er das sagte, so erinnerte sich die Schülerin, faltete er die Hände zum Gebet.

Geist & Materie

Was wir von Zombies über das Bewusstsein erfahren – und warum es nicht schön ist, ein Gespenst zu sein

Das ewig Lebendige

Wie Platon die Unsterblichkeit der Seele bewies – und warum sein schönes Argument leider falsch ist

Der Tod sei nichts, was man fürchten müsse, sagt Platon. Ganz im Gegenteil: Der Körper sei ohnehin nur ein »Gefängnis«, aus dem sich die Seele des wahren Philosophen zu befreien trachte. Platon hält die Seele für unsterblich, für ein rein geistiges Wesen, verwandt mit dem ewigen Reich der Ideen. Und als Erster versucht er, das auch zu beweisen. Im *Phaidon*-Dialog liefert er vier Argumente für die Unsterblichkeit der Seele. Das stärkste davon beruht auf der Annahme, die Seele sei das Prinzip des Lebens. Ohne Seele gibt es kein Leben; und alles, was eine Seele hat, lebt. Das war die verbreitete Auffassung in der Antike. Nach Platon hat ein Gegenstand eine Eigenschaft, weil er an einer »Idee« teilhat, also an einer geistigen Wesenheit: Wenn etwas »schön« ist, dann hat es Anteil an der Idee des »Schönen«. Und was »lebendig« ist, hat eben Anteil an der Idee des Lebens. Zugleich schließen sich Ideen von Gegensätzen aus. Die Idee des Schönen kann nicht zugleich hässlich sein. Aus diesem Grund kann ein Ding nur eine von zwei gegensätzlichen Eigenschaften haben. Was warm ist, kann nicht zugleich kalt sein. Und so wie Feuer notwendig warm ist, so ist die Seele notwendig lebendig. Platons Seele kann nicht anders als zu leben. Sie ist also notwendig unsterblich. Ein wunderschöner Gedankengang. Nur leider ist er falsch. Der erste Schwachpunkt liegt bereits in der Annahme, dass die Seele als Prinzip des Lebens selbst lebendig sein muss. Denn selbst wenn ich annehme, dass die Seele das ist, was Dinge lebendig macht, so folgt daraus noch nicht, dass sie selbst lebendig ist. Alkohol macht ja auch betrunken, ohne deswegen selbst betrunken zu sein. Und selbst wenn die Seele tatsächlich notwendig lebendig ist, so folgt daraus noch nicht, dass sie auch unzerstörbar ist. Sicher ist Feuer notwendig warm, solange es brennt. Das heißt aber nicht, dass es nicht verlöschen kann. Aus Platons Argument folgt letztlich nur, dass die Seele eben lebt, solange sie existiert. Platon selbst war sich dieser Schwäche offenbar bewusst. Doch er sah keine Notwendigkeit, hier weiter zu argumentieren: Was notwendig lebendig ist, sagt Platon, das findet auch Mittel und Wege, sich dem Untergang zu entziehen.

Zum Weiterlesen:
Platon, *Phaidon*, Stuttgart 1994.

Überall Geister?

Alles hat Bewusstsein, glauben Panpsychisten

Wie fühlt es sich an, ein Thermostat zu sein? Wie würde er »warm« und »kalt« empfinden? Und was ginge in ihm vor, wenn er die Temperatur hinauf- oder herunterregelt? Was für ein Unsinn, werden Sie vielleicht sagen – und Sie wären nicht der Einzige. Ein Thermostat hat doch nichts Geistiges an sich. Er kann weder denken noch fühlen, er ist nichts als eine seelenlose Maschine. Und doch spekulierte der australisch-amerikanische Philosoph David Chalmers vor einigen Jahren ernsthaft darüber, ob auch ein Thermostat eine Form von Bewusstsein besitzt. Dahinter steht eine der ältesten philosophischen Auffassungen überhaupt – der Panpsychismus. Aus Sicht des Panpsychismus ist Bewusstsein buchstäblich überall, wenn auch in verschiedenen Abstufungen. Selbst Elementarteilchen haben demnach geistige Eigenschaften. Der Panpsychismus hatte in der Philosophiegeschichte immer wieder prominente Anhänger. Von Leibniz über Schopenhauer und William James bis zu Alfred North Whitehead: Sie alle glaubten an die »Beseeltheit« der Materie. Der Panpsychismus gehört zu den gewagtesten Antworten auf das Leib-Seele-Problem, also die Frage, wie es möglich ist, dass Materie und Geist miteinander interagieren: Wie können Atome und Moleküle überhaupt etwas Geistiges hervorbringen? Und wie wirkt der Geist zurück auf die Materie?

Der radikale Lösungsvorschlag des Panpsychismus lautet: Alles in der Welt hat nicht nur materielle, sondern auch geistige Eigenschaften. Die moderne Variante des Panpsychismus beruht auf der Idee, dass die Verarbeitung von Informationen mit Erfahrungen verbunden ist. Da physikalische Vorgänge mit Informationsverarbeitung zu tun haben, muss es auch überall bewusstseinsähnliche Vorgänge geben. Auf Basis des Panpsychismus lässt sich das Rätsel des Bewusstseins natürlich leicht lösen: Bewusstsein war immer schon da, es bildet sozusagen die Innenseite der Materie. Der Glaube an die Beseeltheit der Natur gehört vermutlich zu den ältesten Ideen der Menschheit. So spielten animistische Kulte in allen frühen Kulturen eine große Rolle. Der Vorsokratiker Thales hielt das Wasser für eine göttliche, den ganzen Kosmos durchdringende Lebenskraft. Und er glaubte, dass die Seele vermischt mit dem Kosmos und alles »voll von Göttern« sei. Beseelte Dinge, so dachte er, bewegen sich selbst. Thales schrieb sogar Magneten und Bernstein eine Seele zu. Die einflussreichste panpsychistische Theorie lieferte jedoch der britische Philosoph Alfred North Whitehead. In seinem Buch *Prozeß und Realität* entwirft er ein radikal neues Bild der Natur. Darin stellt er nicht die Materie, sondern »Ereignisse« und »Prozesse« in den Mittelpunkt. Überall in diesem Kosmos herrschen Kreativität, Spontaneität und Erleben. Auch die elementaren Ereignisse, die für Whitehead die Welt ausmachen, haben geistige Eigenschaften, wenn auch nur in sehr abgeschwächter Form. Das Kernargument für den Panpsychismus läuft auf folgenden Gedankengang hinaus:

Erstens gibt es geistige Eigenschaften. Zweitens gibt es materielle Eigenschaften. Drittens sind geistige Eigenschaften nicht identisch mit materiellen Eigenschaften – und sie können auch nicht aus der Materie hervorgehen. Aus diesen Prämissen folgt schließlich, dass die Materie selbst geistige Eigenschaften haben muss. Der graduelle Panpsychismus geht dabei von einer stufenweisen Entwicklung des Geistigen aus – von einfachsten Formen der Informationsverarbeitung bis zu bewusstem Erleben. Viele Philosophen halten den Panpsychismus jedoch für unplausibel. Zum einen fällt es schwer, Atomen und Molekülen mentale Eigenschaften zuzuschreiben – geschweige denn eine komplexe Fähigkeit wie Bewusstsein. Der amerikanische Philosoph John Searle liefert dafür folgende Begründung: »Bewusstsein ist nicht verteilt wie auf einem Brot. Es kommt in diskreten Einheiten. Wenn ein Thermostat Bewusstsein hat, wie ist es mit seinen Teilen? Hat jede Schraube ein eigenes Bewusstsein? Jedes Molekül? Und wenn ja, wie hängt deren Bewusstsein mit dem Bewusstsein des ganzen Thermostaten zusammen?« In gewisser Weise verlagert der Panpsychismus das Leib-Seele-Problem nur auf eine andere Ebene. Selbst wenn man glaubt, dass jedes noch so kleine Teilchen unbewusste geistige Zustände hat, fragt sich immer noch, wie aus diesem »Geiststaub« schließlich Bewusstsein entsteht. Um dieses Problem zu vermeiden, müsste ein Panpsychist daher annehmen, dass Bewusstsein in vielen abgestuften Formen vorkommt – und dass selbst ein Elementarteilchen noch eine Art Proto-Bewusstsein hat. Und dann stellt sich die Frage, wie alle diese rudimentären Bewusstseine zusammenwirken sollen. Aber es schadet dennoch nicht, wenn Sie mit Ihrem Thermostaten sensibel umgehen.

Zum Weiterlesen:
Alfred North Whitehead, *Prozeß und Realität. Entwurf einer Kosmologie*, mit einem Nachwort von Hans-Günter Holl, Frankfurt am Main 1979.

Das Prinzip des Lebens

Aristoteles hatte eine Seelenvorstellung, mit der wir heute noch etwas anfangen können. Aber glaubte er auch an die Unsterblichkeit?

Aristoteles war nicht nur ein großer Philosoph, sondern auch ein guter Psychologe. Statt über das Wesen der Seele nur zu spekulieren, beobachtete er die Menschen. »Die meisten Affekte scheint die Seele nicht ohne den Körper zu erleiden«, bemerkte er. Wenn wir uns fürchten, zittern wir. Wenn wir traurig sind, kommen uns manchmal die Tränen. Offenbar ist die Seele also mit dem Körper verbunden – und nicht von ihm getrennt, wie Platon dachte. Nach Aristoteles dürfen wir die Seele also nicht mit dem ganzen Menschen gleichsetzen: Zu sagen etwa, dass die Seele »zornig« sei, das sei ähnlich, wie wenn man sagte, die Seele webe ein Tuch oder baue ein Haus. Denn nicht die Seele ist zornig oder traurig, sondern der ganze Mensch.

Für die Menschen der Antike war die Seele das Prinzip des Lebens. Das Wort *psyche* hängt mit dem Verb *psychein* (atmen, blasen) zusammen. Schon bei Homer ist die *psyche* das, was die Lebenden von den Toten unterscheidet. In der *Ilias* haucht man seine *psyche* auf dem Schlachtfeld aus: Wo eine *psyche* ist, da ist auch Leben. Für Aristoteles ist die Seele das, was einen Körper lebendig macht – sie ist die »Form« des Körpers. Jedes Ding, so dachte er, besteht aus »Materie« und »Form«. Die Materie ist schlicht der Stoff, aus dem das Ding besteht. Ein Haus zum Beispiel besteht aus Ziegelsteinen. Die Form hingegen ist gleichsam der gedankliche Entwurf – wie bei einem Haus der Plan des Architekten. Die »Form« ist die Ursache, weswegen der Gegenstand letztlich so ist, wie er es ist. Die Form »Haus« ist also schon vorhanden, bevor die Maurer mit ihrer Arbeit beginnen. In den Ziegelsteinen steckt damit bereits die Möglichkeit, zu einem Haus zu werden. Die »Form« gehört also untrennbar zu den körperlichen Dingen. Die Seele ist nach Aristoteles nichts anderes als die Form des lebendigen Körpers.

Gemeint ist aber nicht die körperliche Gestalt. Die Seele ist überhaupt nichts Körperliches, sondern eine »Disposition« – also eine Anlage, eine Neigung. Aristoteles erläutert das mit einer Analogie. Wäre ein Beil etwas Lebendiges, so bestünde seine Seele in der Fähigkeit, Holz zu spalten. Und genauso hat ein Auge die Disposition, zu sehen, sonst wäre es kein wirkliches Auge. So wie die Pupille und die Sehkraft zusammen das Auge bilden, so bilden auch die Seele und der Körper das Lebewesen. Und genau deshalb kann die Seele auch nicht ohne den Körper existieren. Und Seelen haben nicht nur Menschen. Aristoteles unterscheidet zwischen verschiedenen Stufen des Seelischen. Auf der untersten Stufe steht die vegetative Seele, die man nur bei Pflanzen findet. Die »sensitive« Seele hat darüber hinaus auch die Fähigkeit zur sinnlichen Wahrnehmung und zu gewissen Emotionen – eine solche Seele haben etwa auch Tiere. Die höchste Stufe ist nach Aristoteles aber die rationale Seele, und die hat nur der Mensch. Als einzige hat sie auch noch die zusätzliche Fähigkeit des rationalen Denkens. Aber wenn die Seele so eng an den Körper gebunden ist: Wie kann sie dann nach dem Tode weiter existieren? Die vegetativen und sensitiven Seelenteile, so dachte Aristoteles, gehen tatsächlich mit dem Körper unter. Unsterblichkeit besitzt allein die rationale Seele, die als einzige nicht mit dem Körper verbunden ist. Der *nous* ist das reine Erkenntnisvermögen – der göttliche Geist, an dem unsere kleinen Menschenseelen Anteil haben. Und dieser *nous* ist eben nichts Individuelles. Was den Tod überlebt, ist daher die Vernunft, nicht unser Selbst. Schon Aristoteles hat wohl schon Menschen mit Demenz erlebt. Unser Denkvermögen nimmt im Laufe der Jahre ab, doch es ist nicht die Vernunft, die krank wird – sondern eben der Mensch selbst. »Die Vernunft aber ist wohl etwas Göttlicheres und leidensunfähig.«

Zum Weiterlesen:
Aristoteles, *Über die Seele*, griechisch/deutsch, Stuttgart 2011.

Ecstasy der Seele

Was der Dionysos-Kult mit der unsterblichen Seele zu tun hat – und warum er Nietzsche inspirierte

Dionysos war ein Partylöwe. Zu seinen Ehren feierte man orgiastische nächtliche Feste und Opferrituale fern ab von den Städten, auf Bergen oder mitten im Wald. Man berauschte sich mit Wein, man tanzte im Fackelschein und machte wilde Musik. Seine Anhänger verehrten ihn nicht nur, sie waren von ihm regelrecht besessen. In Ekstase, im Rausch verschmolzen sie mit dem Gott, bis ihnen die Seele aus dem Leib trat. Heute kennt man Dionysos zumeist als Gott des Weins. Vor allem aber war er ein Gott der Lebenskraft. Wenn er irgendwo auftauchte, sprudelte plötzlich Wasser oder Wein aus dem Felsen – oder aus Efeu tropfte Honig. Doch so schnell wie er auftauchte, so schnell verschwand er auch wieder – um plötzlich wieder zu erscheinen. Manche Religionswissenschaftler erkannten darin das Motiv der mystischen Wiedergeburt, der symbolischen Einheit von Leben und Tod. Der Mythenforscher Karl Kerényi nannte Dionysos einen »Archetyp des unzerstörbaren Lebens«. Kein Denker hat die dionysische Ekstase später so beschworen wie Friedrich Nietzsche. Das Dionysische, das Prinzip des wilden, überschießenden Lebens, stellte er dem »apollinischen« Prinzip gegenüber, das für ihn das Rationale verkörperte. Nietzsche feierte die Selbstvergessenheit der dionysischen Zustände und forderte die Hingabe an Lebens- und Daseinslust. Und der Altertumsforscher Erwin Rohde, ein Freund Nietzsches, stellte sogar die These auf, die griechische Idee von der Unsterblichkeit der Seele sei aus dem Dionysos-Kult entstanden.

Zum Weiterlesen:
Thomas Vašek, *Seele. Eine unsterbliche Idee*, München 2010.

Der fliegende Mann

Wozu brauchen wir eigentlich einen Körper?

Stellen Sie sich vor, Sie fliegen durch den leeren Raum. Zwar haben Sie einen Körper, doch Sie können nichts wahrnehmen, weder spüren Sie Ihre Gliedmaßen, noch können Sie sie bewegen. Trotzdem wären Sie sicher, dass Sie existieren – schließlich schweben Sie ja durch den Raum. Vielleicht könnten Sie nicht einmal Ihren eigenen Körper sehen. Aber wenn Sie in diesem Zustand fähig wären, sich Ihren Körper vorzustellen, dann wüssten Sie, dass Sie ihn gar nicht brauchen, um zu existieren. Dieses Gedankenspiel stammt von dem persischen Philosophen Avicenna (ca. 980–1037). Lange vor Descartes sollte es beweisen, dass die Seele immateriell ist. Dass wir die Seele in Verbindung mit dem Körper denken, sei nichts als Gewohnheit, schrieb Avicenna, der schon als Zehnjähriger den Koran gelesen haben soll. Wir seien es gewohnt, unsere Kleider auszuziehen – aber nicht, unseren Körper abzulegen. Deshalb sei der Glaube, dass der Körper zu unserem Wesen gehöre, »stärker als der Glaube, dass unsere Kleider zu uns gehören.« Avicenna hatte noch einen zweiten »Beweis« für die immaterielle Seele. Die Seele, so behauptete er, kann sich nicht mit Hilfe der Körpersinne selbst erkennen. Schließlich erkennt sie sich selbst und weiß auch, dass sie sich erkennt. Und sie weiß auch, dass sie keinen Körper braucht, um sich selbst zu erkennen. Mit anderen Worten: Die Seele ist auf den Körper nicht angewiesen. Avicennas Seele ist eine immaterielle Substanz, die völlig autonom existieren kann. Die Vereinigung mit dem Körper ist nur zufällig. Eigentlich gehören alle Seelen zur gleichen Art. Die Unterschiede zwischen den Menschen beruhen einfach auf der Unterschiedlichkeit der Körper. Und doch behält Avicennas Seele nach dem Tod eine gewisse Individualität durch das Wissen, das sie erworben hat. Ursprünglich ist die Seele reine Möglichkeit – wie ein ungeformtes Stück Materie. Wissen kann sie nur erlangen, indem sie mit einer externen

Intelligenz kommuniziert – dem »tätigen Intellekt«, einer ewigen, überindividuellen Wesenheit. Wie ein Spiegel bildet die Einzelseele die Welt ab, doch ihr Erkenntnisvermögen empfängt sie von der »Weltvernunft«. Nach dem Tod vereinigt sich die Einzelseele mit ihrem erworbenen Wissen mit dem tätigen Intellekt – und hat dann gewissermaßen die gesamte Weltintelligenz parat. Und so schwebt der »fliegende Mann« noch immer irgendwo durch den leeren Raum – vermutlich mit permanentem Zugang zum Internet.

Metaphysische Computer

Leibniz hielt die ganze Welt für beseelt.
Die zentrale Rolle dabei spielen geistige Automaten,
die das Programm Gottes abspulen

Überall ist Leben, dachte Gottfried Wilhelm Leibniz (1646 bis 1716). Der ganze Kosmos quillt über vor Seele: »Im Universum gibt es nichts unbebautes, nichts unfruchtbares, nichts totes, kein Chaos, keine Verworrenheit als nur dem Scheine nach.« Leibniz war vielleicht das letzte Universalgenie. Der studierte Jurist beschäftigte sich mit Mathematik und Physik ebenso wie mit rechtlichen und theologischen Fragen. Er entwickelte die erste Rechenmaschine und entdeckte, wahrscheinlich unabhängig von Isaac Newton, die Differenzial- und Integralrechnung. Nach Leibniz besteht unsere Welt nicht einfach aus Materie, sondern aus unzerstörbaren geistigen Atomen. Leibniz nannte sie Monaden. Jede Monade ist etwas Lebendiges. Keine gleicht der anderen. Jede verfolgt einen höheren Plan. Und jede Monade, sagt Leibniz, spiegelt das ganze Universum. Ein schöner Gedanke. Doch wie kam Leibniz auf diese fantastische Idee?

Der Gedankengang führt tief in die Geschichte der Metaphysik. Eine Monade ist eine »einfache Substanz«, definiert Leibniz. Einfache Substanzen haben keine Teile. Es muss sie geben, weil es zusammengesetzte Substanzen gibt. Aber wenn eine Substanz keine Teile mehr hat, dann hat sie offenbar auch keine Ausdehnung – und daher können sie auch nur durch Schöpfung entstehen und nicht auf natürlichem Wege zugrunde gehen. Eine solche Monade lässt sich auch nicht von außen beeinflussen. Weder kann etwas aus ihnen heraus- noch etwas in sie hineintreten: »Monaden haben keine Fenster.« Immateriell, punktförmig, fensterlos: Das klingt nach einem ziemlich traurigen Dasein. Eine Monade ist, so scheint es, so gut wie nichts. Und doch hat jede Monade nach Leibniz höchst individuelle Eigenschaften – und jede verändert sich ständig aus sich selbst heraus. Aber was genau ist eine Monade dann? Und was tut sie? Leibniz' abenteuerliche Antwort: Eine Monade ist im Prinzip nichts anderes als ein geistiger Automat – eine Art metaphysische Software der Wirklichkeit. Die Kernidee steckt bereits im Begriff der Substanz.

Substanzen sind Dinge, die selbständig existieren können. Der Begriff geht zurück auf die aristotelische Logik, genauer auf die Kategorien von Subjekt und Prädikat. Manche Begriffe können in Sätzen als Subjekt wie als Prädikat auftauchen. So kann man sagen: »Der Tisch ist rot« und »Rot ist eine Farbe«. Andere Begriffe hingegen können nur als Subjekt auftreten, wie etwa Namen oder Wörter, die sich auf bestimmte Dinge beziehen. Solche Begriffe bezeichnen nach Aristoteles »Substanzen«. Eine Substanz ist also das, was weder von einem Subjekt ausgesagt werden kann, noch darin bereits enthalten ist. Doch Leibniz hielt diese Erklärung für unzureichend. Jede wahre Aussage habe schließlich eine »Grundlage in der Natur der Dinge«. Wenn ich sage »Der Tisch ist rot«, dann muss das Prädikat »rot« zumindest virtuell im Subjekt »Tisch« enthalten sein – sonst wäre der Satz »Der Tisch ist rot« ja nicht wahr. Der Subjektausdruck muss also das Prädikat folglich bereits enthalten. Wenn ich den Subjektsbegriff wirklich vollkommen verstehe, dann kenne ich auch alle Prädikate, die ihm zukommen. Das Subjekt »Alexander der Große« hat etwa das Prädikat »König«. Damit ist der Begriff »Alexander der Große« aber noch nicht zureichend bestimmt. Schließlich war Alexander auch noch der Schüler von Aristoteles, er besiegte den Perserkönig Darius und viele mehr. Alle diese Prädikate stecken bereits im Subjekt »Alexander der Große« – und damit nach Leibniz in Alexanders »Monade«. Da Monaden aber keinen äußeren Einflüssen unterliegen, müssen sie eine Art Algorithmus in sich haben, der ihre gesamte Geschichte bestimmt. Nur Gott, der alle Monaden geschaffen hat, kann ihren »Code« entziffern.

Überall in Leibniz' Welt wimmelt es also von Monaden. Ihre geistigen Eigenschaften reichen von einfachsten Empfindungen bis hin zum vollentwickelten Bewusstsein. Jede Monade hat ihren eigenen Blickwinkel, ihre besondere Perspektive auf das große Ganze – und jede spiegelt das ganze Universum. Materielle Dinge sind letztlich organisierte Ansammlungen von Monaden, von denen jede weiß, wie sie sich mit anderen koordinieren muss. Organische Einheiten wie der Mensch haben eine »dominante« Monade, die allen anderen die Richtung vorgibt – und das ist die Seele. In der Welt der Monaden herrscht vollkommene Harmonie. Gott selbst hat es so eingerichtet, denn als vollkommenes Wesen hat er auch die beste aller möglichen Welten geschaffen – eine Welt, in der alle Monaden miteinander verträglich sind.

Zum Weiterlesen:
Gottfried Wilhelm Leibniz, *Monadologie*, französisch/deutsch, herausgegeben von Hartmut Hecht, Stuttgart 1998.

Ein Ding, das denkt

Wie Descartes herausfand, dass er wirklich existiert – und nicht nur in seinen Träumen

Mit einem Traum fing alles an. Vom 10. auf den 11. November 1619 hielt sich René Descartes in einem Winterquartier bei Ulm auf. Er träumte von seiner Lebensaufgabe – der Suche nach der Wahrheit in der Wissenschaft.

Alles Wissen ist zweifelhaft, erkennt Descartes. Er kommt zum Schluss, dass er noch einmal alles »umstürzen« muss – und »von den ersten Grundlagen an ganz neu anfangen«. Selbst unseren Sinnen können wir nicht wirklich vertrauen; immer wieder führen sie uns in die Irre. Nacht für Nacht träumen wir von Dingen, die gar nicht existieren. Und oft können wir den Schlaf gar nicht vom Wachzustand unterscheiden. Was, wenn alles nur ein Traum wäre? Wenn uns ein allmächtiger Betrüger alles nur vorgaukeln würde – den Himmel, die Luft, Erde, Farben und Geräusche? Und könnte es nicht sein, dass auch unser Körper und unsere Sinne nur Einbildung sind? Doch in einem könnte uns der große Betrüger nicht täuschen – nämlich »dass ich nicht sei, solange ich denke, ich sei etwas«. *Cogito ergo sum* – ich denke, also bin ich: Der vielleicht berühmteste Satz der Philosophiegeschichte. Solange ich denke, muss auch jemand da sein, der denkt – zumindest soviel ist sicher. Aber wer ist dieser »jemand«? Ein Mensch? Ein Geist? Eine Seele? Natürlich, wir haben einen Körper – »diese ganze Gliedermaschine«, wie Descartes sagt. Aber den könnte uns der große Betrüger eben nur vorspielen. Was bliebe übrig, wenn wir gar keinen Körper hätten? Offenbar können wir alles von uns wegdenken, überlegt Descartes – nur eines nicht: das Denken selbst. Und solange ich denke, existiere ich – *cogito ergo sum*. Dann bin »ich« also ein denkendes Ding. Aber wie müssen wir uns dieses »denkende Ding« vorstellen, das ohne Körper existieren kann? Sind wir etwa Geister? Auf den ersten Blick sieht es so aus, als würde Descartes folgendermaßen argumentieren: Ich kann nicht daran zweifeln, dass ich existiere. Ich kann aber daran zweifeln, dass Körper existieren. Also bin ich kein Körper! Dieses Argument wäre jedoch ziemlich zweifelhaft. Denn analog könnte ich argumentieren: Ich kann nicht daran zweifeln, dass ich dieses Buch lese. Ich kann aber daran zweifeln, dass Leser dieses Buch nicht verstehen. Folglich verstehe ich dieses Buch. Das ist offenkundig ein Fehlschluss. Selbst wenn das Buch tatsächlich nicht unverständlich ist, folgt daraus noch lange nicht, dass ich es verstehe. Doch es geht Descartes nicht darum zu beweisen, dass Geist und Körper tatsächlich getrennt voneinander existieren. Vielmehr will er offenbar zeigen, dass wir über das »denkende Ding« ein sicheres Wissen haben, das von unserem Wissen über den Körper unabhängig ist: Ein Gedanke braucht eben jemanden, der ihn denkt. Descartes erklärt das an einem Stück Bienenwachs. Das Wachs kann viele äußere Formen annehmen. Nur durch unser Urteilsvermögen erkennen wir, dass es sich immer um das gleiche Wachsstück handelt. Aber wenn ich urteile, dass das Wachsstück existiert, dann folgt daraus auch, dass ich selbst existiere – sonst könnte ich ja nicht darüber urteilen. Und wenn ich das Wachsstück so deutlich erfasse, obwohl es seine Form ändert – dann muss ich mich selbst noch deutlicher erkennen können. Insofern läuft Descartes' berühmtes Argument tatsächlich auf eine fundamentale Gewissheit hinaus: Welche Gedanken auch immer wir haben, ob wir uns täuschen oder nicht – und selbst wenn wir alles nur träumen: Es muss immer ein »Ich« geben, das diese Gedanken denkt, das sich täuscht oder alles bloß träumt.

Zum Weiterlesen:
René Descartes, *Meditationen über die Erste Philosophie*, Ditzingen 1986.

Die Seele als Weltempfänger

Warum William James,
der Begründer der modernen Psychologie,
an eine Weltseele glaubte

Stellen Sie sich vor, Ihr Gehirn wäre eine Art Empfangsstation, durchströmt von einem allgegenwärtigen Bewusstsein, von kosmischem Geist. Das klingt nach trüber Esoterik. Doch die Existenz einer Weltseele fand auch der große Philosoph und Psychologe William James (1842–1910) plausibel. Und der war alles andere als ein Esoteriker. Als Wissenschaftler orientierte sich James streng an den empirischen Tatsachen. Die Idee einer immateriellen Seele hielt er eigentlich für »komplett überflüssig« – für eine metaphysische Fiktion, die wir nicht brauchen, um psychische Phänomene zu erklären. Annehmbar schien ihm allerdings die Idee einer Weltseele, die den ganzen Kosmos durchdringt. James scheute auch vor spekulativen Überlegungen nicht zurück. Im Jahr 1897 hielt er sogar einen Vortrag über die Unsterblichkeit – und erörterte ganz ernsthaft die Frage, ob das Bewusstsein eines Menschen über das Erlöschen der Hirnfunktion hinaus fortdauern kann. James ging dabei vom Verhältnis zwischen Gehirn und Geist aus. Wenn alles Geistige nur eine »produktive Funktion« des Gehirns ist – wie Dampf, der von einem Teekessel produziert wird –, dann erlischt das Bewusstsein offenbar zusammen mit dem Gehirn. So weit, so logisch. Allerdings kann man die Funktionalität des Gehirns auch anders deuten. Es wäre theoretisch möglich, dass unser Gehirn eine Art Übertragungsinstrument ist, das von einem überindividuellen Bewusstsein durchströmt wird. Das ist die alte Idee der Weltseele. Der spätantike Philosoph Plotin glaubte ebenso daran wie die indische Philosophie. James erläutert seine Überlegungen mit einer Metapher: Angenommen, das ganze Universum wäre nur ein Schleier von Phänomenen, hinter dem sich die wahre Realität verbirgt. An manchen Stellen lässt dieser Schleier jedoch Lichtstrahlen durch. Unser Gehirn könnte dann einer solchen durchlässigen Stelle gleichen. James glaubte sogar, dass diese Weltseele eine Art »kollektives Unterbewusstsein« sein könnte, mit dem unsere individuellen Bewusstseine ständig in Kontakt stehen. »Bewusstsein muss in diesem Prozess nicht an vielen Stellen neu geschaffen werden«, sagt James: »Es existiert bereits, hinter den Kulissen, und genauso lange wie die Welt.« Wie empfänglich ein Gehirn für diesen Bewusstseinsstrom ist, hängt nach James demnach von seinem Aktivitätsgrad ab. Und wenn die Hirnfunktionen eines Menschen schließlich erloschen sind, dann verschwindet auch der individuelle Bewusstsseinsstrom aus der Welt. Aber das überindividuelle Bewusstsein wäre immer noch intakt. Dieses Bewusstsein ist jedoch kein individuelle Seele mehr, sondern ein allgemeines geistiges Prinzip – ein »Muttermeer, dessen Wellen gelegentlich über den Deich schwappen«. Ähnliche Ideen vertreten heute die Anhänger eines »Quantenbewusstseins«: Nach dieser Idee ist das Bewusstsein nicht im Gehirn, sondern in Form von Wahrscheinlichkeitswellen überall zugleich präsent. Das Gehirn fungiert demnach als Empfangsstation für diese Informationen, wie ein Fernsehgerät, das Informationen elektromagnetischer Felder dekodiert. Natürlich sind das alles Spekulationen, und auch James konnte seine Weltseelen-Hypothese nicht beweisen. Der Mitbegründer des »Pragmatismus« war allerdings der Auffassung, dass Wahrheit nichts Absolutes ist, sondern sich an ihren praktischen Folgen misst. »Wahr« ist demnach alles, was sich als gut oder nützlich erweist. Und der Seelenbegriff spielt eben eine wichtige Rolle für unser Denken und Fühlen. So betrachtet, kann man auch James' Spekulationen einiges abgewinnen. Die Idee der Weltseele vermittelt uns kleinen Menschen zumindest ein wahrhaft kosmisches Gefühl.

Zum Weiterlesen:
William James, *Der Sinn des Lebens. Ausgewählte Texte*, herausgegeben von Felicitas Krämer und Helmut Pape, Darmstadt 2010.

Eine Seele für alle

Unser Selbst erscheint uns höchst individuell. Doch da täuschen wir uns, lehrt die indische Philosophie

Was ist das Selbst? Und in welcher Beziehung steht es zum großen Ganzen? Das ist die Kernfrage in den *Upanischaden*, einer Erweiterung der älteren vedischen Philosophie. »Brahman« ist das All-Eine, das Unermessliche des Kosmos. Doch zugleich hat »Brahman« eine spirituelle Natur. Es ist die Seele »Atman« in unserem Herzen. In den *Upanischaden* geht es um diese geheimnisvolle Verbindung zwischen der individuellen Seele Atman und der Weltseele Brahman. Die folgende Geschichte erzählt von der Suche nach dem wahren Selbst. »Alle Welten und alle Wünsche erlangt der, der das Selbst findet und erkennt«, sagt Prajapati, der Weltschöpfer. Der Gott Indra und der Dämon Virocana wollen von Prajapati wissen, was ihr Selbst sei. Doch der stellt ihnen nur ein Gefäß mit Wasser hin: »Was seht ihr darin?« Die beiden antworten, dass sie sich selbst darin sehen. Daraufhin trägt ihnen Prajapiti auf, schöne Gewänder anzuziehen und nochmals ihr Spiegelbild zu betrachten. »Was seht ihr?« Wieder antworten die beiden, dass sie sich selbst sehen – und ziehen beruhigt dahin, in der Annahme, dass sie nun ihr Selbst gefunden haben. Doch bald bemerken sie, dass Prajapati sie nur zum Narren gehalten hat – und kehren wieder zurück, um ihn erneut nach dem Selbst zu fragen. Diesmal erklärt Prajapati, das Selbst sei eine Traumgestalt. Wieder lassen sich die beiden täuschen. Am Ende will Prajapati ihnen sogar weismachen, das wahre Selbst sei der traumlose Schlaf. Schließlich verspricht der Weltschöpfer, doch noch die Wahrheit zu offenbaren, falls Indra weitere fünf Jahre bei ihm bleibe. Und dann belehrt er sie: »Sterblich ist dieser Leib und vom Tode umfangen. Er ist der Sitz des unsterblichen, körperlosen Selbst, dem Atman. Umfangen von Freud und Leid ist es, solange es in einem Körper wohnt. Wenn es aber körperlos ist, berühren es Freude und Leid nicht. Aller Welten und aller Wünsche wird der teilhaftig, der dieses Selbst findet und erkennt.« Das Selbst der *Upanischaden* ist also etwas Verborgenes und Ungreifbares – »ohne Laut, ohne Gefühl, ohne Farbe, ohne Veränderung«. Das Bewusstsein hat zu diesem Selbst keinen Zugang. Das Atman ist in jedem Menschen das Gleiche – es ist eben das Brahman. Das können wir nur erkennen, indem wir über die Seinsweise des Brahman meditieren – und versuchen, die eigenen geistigen Vorgänge als Naturphänomene zu begreifen – indem wir also den inneren Zusammenhang von Geist und Natur verstehen, die beide ja nur verschiedene Manifestationen des Einen sind. Der Schein unseres individuellen Selbst verbirgt diesen Zusammenhang; wir achten nur auf unsere eigenen Bedürfnisse. Erst wer diesen Schein erkennt, der »isst Speise in allen Welten, in allen Wesen, in allen Atmans«.

Nehmen Sie das persönlich!

Was Philosophen unter einer Person verstehen – und warum der Begriff so umstritten ist

Im alltäglichen Sprachgebrauch verstehen wir unter einer Person einen einzelnen Menschen, ein Individuum. Man erwartet soundsoviele »Personen« zum Abendessen. Wir sprechen »in eigener Person«, wir werden »persönlich« – oder erklären jemanden zur »Unperson«. Zugleich schreiben wir Personen aber auch eine Sonderrolle zu. Eine Person ist Träger von Würde, sie hat einen moralischen Status, wir billigen ihr Rechte zu. Das Personsein unterscheidet Menschen von Dingen. Die Erklärung der Menschenrechte etwa beruht auf dem Glauben »an die Würde und den Wert der menschlichen Person«. Kaum ein philosophischer Begriff ist derart zentral für unser Menschenbild. Und kaum ein anderer besitzt so hohe Brisanz. Der Personenbegriff spielt eine Schlüsselrolle in wichtigen ethischen Debatten – vom Umgang mit der Demenz bis zum Schutz von ungeborenem Leben. Einige Philosophen sprechen demenzkranken Menschen heute den Personenstatus ab, manche vergleichen sie im Endstadium der Krankheit sogar mit Tieren oder Pflanzen. Umstritten ist aber auch der Personenbegriff selbst: Eine Reihe von Philosophen halten ihn heute für erschreckend vage, ja womöglich unbrauchbar. Das lateinische Wort *persona* bezeichnet eigentlich die Maske des Schauspielers. In der römischen Antike verstand man darunter die Rolle, die jemand in der Gesellschaft spielte. Der spätantike Philosoph Boethius bestimmte die Person als »das individuelle Dasein einer vernünftigen Natur«; Thomas von Aquin entwickelte diese Definition weiter. Bereits im späten Mittelalter entstand die metaphysische Idee der Person als moralisches Wesen, das sich durch seinen freien Willen unterscheidet vom Reich der Natur. Doch die folgenreichste Definition stammt von John Locke (1632–1704). Der englische Philosoph verstand unter einer Person ein »denkendes, verständiges Wesen, das Vernunft besitzt und sich selbst als sich selbst betrachten kann.« Mit anderen Worten: Eine Person zu sein erfordert rationales Urteilsvermögen und Selbstbewusstsein. Immanuel Kant knüpfte an Lockes Personenbegriff an und verband ihn mit seiner Moralphilosophie. Der Mensch existiert nach Kant eigentlich in zwei Welten, in der Welt der natürlichen Notwendigkeit – und in der Welt der moralischen Freiheit. Nur unsere Vernunft erhebt uns über die deterministische, also von Gesetzen bestimmte Natur. Reine Naturwesen haben nach Kant keine Würde, sie sind nur Mittel zum Zweck – oder »Sachen«. Als Vernunftwesen aber sind wir zur Selbstbestimmung fähig, darauf gründet unsere Würde als »Person«. Nach Kant ist die Person also nichts anderes als unser moralisch-vernünftiger Teil, der uns von der »Tierheit« unterscheidet. Nur als »Personen« können wir überhaupt moralisch handeln. Kants kategorischer Imperativ (in seiner zweiten Version) lautet dann: »Handle so, daß du die Menschheit sowohl in deiner Person, als in der Person eines jeden anderen jederzeit zugleich als Zweck, niemals bloß als Mittel brauchst.« Darauf beruht auch die sogenannte »Objektformel« des Grundgesetzes, wonach die Würde eines Menschen verletzt wird, wenn wir andere Personen nur als Objekt behandeln, sie also für unsere Zwecke instrumentalisieren. Einige heutige Philosophen halten Kants Personenbegriff allerdings für höchst problematisch. Nicht alle Menschen sind schließlich autonom, also fähig zur vernunftgeleiteten Selbstbestimmung. Das gilt für kleine Kinder genauso wie für demenzkranke Menschen. Nach Kant haben wir keine Pflichten gegenüber nichtmenschlichen Tieren. Aber was für Tiere gilt, muss nach Kants Theorie dann auch für Menschen gelten, denen die »ziemlich komplexen Fähigkeiten der moralischen Vernunft und Klugheit fehlen«, meint etwa die amerikanische Philosophin Martha Nussbaum. Nach Kant wären schwer demenzkranke Menschen keine Personen, sondern nur Sachen. Allerdings kann man sich fragen, ob dieser Autonomiebegriff nicht auf überzogenen, einseitig rationalen Voraussetzungen beruht: Wann handeln wir »normalen«, scheinbar rationalen Menschen schon nach Kant'schen Kriterien? Und müssen wir nicht umgekehrt den Emotionen demenzkranker Menschen mehr Bedeutung zumessen? Eine Reihe von Philosophen interpretieren Emotionen wie Freude, Wut oder Traurigkeit heute keineswegs als irrationale Aufwallungen, sondern als »intentionale« geistige Zustände – oder sogar als eine Art Werturteil über Dinge, die für unser Wohlbefinden wichtig sind. Durch die Geschichte des westlichen Personenbegriffs zieht sich ein roter Faden: Das Personsein erfordert Bewusstsein und Vernunft – und damit bestimmte kognitive Fähigkeiten. Aus einem solchen Personenbegriff fallen demenzkranke Menschen tendenziell zwangsläufig heraus. Der Oxforder Ethiker Jeff McMahan etwa sieht Menschen mit fortgeschrittener Demenz nur noch als »Post-Personen«, die kaum noch etwas mit der früheren Person verbindet. Ein

Patient im Endstadium der Krankheit sei nur noch ein »gespenstisches Relikt«. Und auch für den umstrittenen australischen Moralphilosophen Peter Singer sind schwerst demenzkranke Menschen keine rationalen und autonomen Wesen mehr – und damit nach seiner Definition auch keine Personen. Für ihn haben sie einen ähnlichen Status wie schwerstbehinderte Säuglinge, die unter bestimmten Umständen sogar getötet werden dürften. Als seine eigene Mutter an Demenz erkrankte, kam Singer allerdings für ihre Pflege auf – wie Millionen andere Angehörige Demenzbetroffener auch. Philosophen verwenden den Personenbegriff auf zweierlei Weise. In »deskriptiver« Hinsicht definiert man eine Person auf Basis bestimmter Fähigkeiten. Nach gängiger Auffassung gehören dazu unabdingbar Rationalität und Selbstbewusstsein. Wer oder was diese Fähigkeiten besitzt, gilt demnach als Person, ob das nun ein Mensch ist, ein Schimpanse oder ein Roboter. In »präskriptiver« Hinsicht jedoch schreiben wir jemandem den Personenstatus zu. Das Grundgesetz geht etwa davon aus, dass der Personenstatus allen Menschen zukommt, unabhängig von ihren geistigen oder körperlichen Fähigkeiten. Aus Sicht heutiger Philosophen hängt der Personenstatus ab von intersubjektiven Anerkennungsverhältnissen – also davon, welche Einstellung oder Haltung wir gegenüber jemandem einnehmen. Dabei analysieren wir nicht zuerst, ob jemand die Kriterien von Personalität auch tatsächlich erfüllt, und behandeln ihn dann wie eine Person. Es ist genau umgekehrt. Wir behandeln andere ganz automatisch wie Personen. Die Frage ist allerdings, wo das Personsein beginnt – und wo es aufhört. Das Wort Person ist offenbar ein Begriff mit »unscharfen Rändern« (Wittgenstein). Der Personenbegriff ist vage. Aber die Alternative kann offenbar nicht sein, die Grenzen willkürlich festzulegen. »Person« sei kein Artbegriff, sondern die Weise, wie Individuen der Art Mensch sind, meint Robert Spaemann. Schließlich antworten wir auf die Frage »was ist das?« nicht mit: »Das ist eine Person«, sondern: »Das ist ein Mensch.« Nach Spaemann ist Personalität keine Eigenschaft, sondern eine »Zuschreibung, mit der wir eine bestimmte Seinsweise kennzeichnen«.

Vielleicht könnte man auch sagen: Unsere Identität als Person ist die Identität eines sich ständig wandelnden Wesens, das zeitlich begrenzt wird durch Geburt und Tod. Auch der körperlich und geistige Verfall gehört also zu uns. Aus dieser Sicht hören wir bis zu unserem Ende nicht auf, eine Person zu sein.

Der einsame Geist

Angenommen, die Seele wäre immateriell und unsterblich: Können wir ohne Körper überhaupt existieren?

Es ist dunkel. Weder kann ich etwas sehen noch etwas hören oder riechen. Ich spüre überhaupt nichts. Und ich weiß nicht mehr, wo oben und unten ist. Eben habe ich meinen Körper verlassen. Ich bin nun ein reiner Geist. Aber was bin ich jetzt? Ein Mensch? Eine Person? Oder einfach nur ein Gespenst? Ohne Körper können wir nicht existieren, behauptete der britische Philosoph Peter Strawson (1919–2006). Normalerweise schreiben wir uns sowohl geistige wie körperliche Eigenschaften zu: Ich tue das und das, empfinde so und so, sehe und höre etwas; ich bin soundso groß und soundso schwer. Aber warum schreiben wir geistige Zustände überhaupt einem bestimmten Subjekt zu? Und warum einem bestimmten körperlichen Ding? Nach Descartes unterliegen wir dabei eigentlich einer Täuschung. Was uns als Person erscheint, sind in Wirklichkeit zwei verschiedene Substanzen, also Körper und Geist, die jeweils ihre besonderen Eigenschaften haben. Eine notwendige Bedingung, sich selbst geistige Zustände zuzuschreiben, besteht für Strawson darin, dass man sie auch anderen zuschreiben kann. Im Alltag scheint das völlig klar zu sein. Wenn wir sagen »Ich habe Schmerzen« und »Er hat Schmerzen«, dann nehmen wir an, dass »Schmerzen haben« in beiden Fällen dasselbe bedeutet. Offenbar kann das Prädikat »Schmerzen haben« auf eine ganze Reihe von unterschiedlichen Dingen zutreffen. Damit ich aber einem bestimmten Subjekt bestimmte Prädikate zuschreiben kann, muss ich dieses Subjekt offenbar identifizieren können. Um sagen zu können, dass X »Schmerzen hat«, muss ich in der Lage sein, X wiederzuerkennen und von anderen Wesen zu unterscheiden. Bei einem rein geistigen Wesen, das ich nicht einmal wahrnehmen kann, funktioniert das aber nicht. Identifizieren kann ich offenbar nur Subjekte, die auch körperliche Eigenschaften besitzen. Folglich muss ein solches Subjekt sowohl geistige als auch körperliche Eigenschaften haben. Ein reiner Geist kann also nicht existieren. Ein »denkendes Ding« ist ein Niemand. So betrachtet schlüpfe ich jetzt lieber wieder in meinen Körper. Lieber ein vergänglicher Mensch als ein einsames Gespenst.

Zum Weiterlesen:
Peter Frederick Strawson, *Einzelding und logisches Subjekt. Ein Beitrag zur deskriptiven Metaphysik*, Stuttgart 1972.

Im Dreieck der Gedanken

Warum wir keine Gedanken haben können ohne andere gedankenbegabte Lebewesen

Unsere Gedanken leben scheinbar in unseren Köpfen, denn denken kann man auch allein im stillen Kämmerlein. Aber woher wissen wir dann, dass unsere Gedanken sich überhaupt auf eine Außenwelt beziehen? Wie kann unser Geist erkennen, was von ihm getrennt ist? Womöglich existiert gar nichts außerhalb von uns selbst. Das ist der Standpunkt des Solipsisten. Der amerikanische Philosoph Donald Davidson hat diese Sicht mit einem eindrucksvollen Argument widerlegt: Wir können gar keine Gedanken haben, wenn es neben uns nicht noch andere gedankenbegabte Lebewesen gibt, die in derselben Welt leben wie wir.

Angenommen, ein kleines Kind plappert das Wort »Tisch«, wenn es einen Tisch sieht. Nun könnte es sein, dass es damit gar nicht auf den Tisch reagiert, sondern nur auf die Farbe des Tisches. Wie können wir nun herausfinden, worauf sich das Kind wirklich bezieht? Nach Davidson auf folgende Weise: Das Kind findet Tische ähnlich, wir finden Tische ebenfalls ähnlich – und außerdem finden wir die Reaktionen des Kindes auf Tische ähnlich. Nach Davidson nehmen wir eine Art Triangulation vor: Eine Linie verläuft vom Kind zum Tisch, eine weitere von uns zum Tisch, und die dritte Linie geht von uns zum Kind. Der betreffende Reiz befindet sich dort, wo die Linie von Kind zu Tisch sich schneidet mit der Linie von uns zum Tisch. Das heißt noch nicht, dass das Kind auch tatsächlich einen Begriff von einem Tisch hat. Aber wir können zumindest sagen, dass es mit dem Wort Tisch auf einen bestimmten Reiz reagiert – nämlich auf das, was auch wir für einen Tisch halten. Ohne diese Dreiecksbeziehung, so Davidson, können wir die Frage nicht beantworten, was das Kind eigentlich meint. Dann können wir aber auch nicht behaupten, dass es überhaupt einen Gedanken hat. Einen Begriff zu haben heißt nach Davidson, das Vorhandensein dieses Dreiecks zu erkennen: Der eine Scheitelpunkt ist man selbst, der zweite ein anderer Mensch – und der dritte ein Objekt oder Ereignis, das sich in einem somit »gemeinschaftlich gestalteten Raum« befindet. Um herauszubekommen, ob die zweite Person wirklich auf denselben Gegenstand reagiert wie man selbst, muss man mit der anderen Person kommunizieren. Gedanken sind also etwas Soziales. Sie beruhen darauf, dass man über den Begriff der objektiven Wahrheit verfügt. Diesen Begriff kann man nach Davidson aber nicht haben, ohne an derselben Welt teilzunehmen wie jemand anderes.

Wie es ist, eine Fledermaus zu sein

Ein tierisches Gedankenexperiment zeigt, warum sich subjektive Erfahrungen nicht auf physische Tatsachen reduzieren lassen

Fledermäuse sind ziemlich sonderbare Tiere. Sie leben vorwiegend in stockfinsteren Höhlen, schlafen mit dem Kopf nach unten hängend und orientieren sich per Ultraschall. Die Wissenschaft hat das Verhalten von Fledermäusen mittlerweile genauestens erforscht. Nur eine Frage kann sie nicht beantworten: Wie ist es eigentlich, eine Fledermaus zu sein?

Sicherlich machen Fledermäuse Erfahrungen, denn sie verfügen ja über Sinne und ein Gehirn. Doch ihre Erfahrungen sind uns offenbar völlig fremd. Fledermäuse nehmen ihre Umgebung wahr, indem sie Ultraschallwellen ausstoßen und deren Reflexionen an festen Objekten detektieren. Auf diese Weise können sie Entfernungen schätzen, die Größe und Form von Objekten erkennen und vieles mehr. Da Fledermäuse ganz andere Sinne besitzen als wir, können wir auch nicht wissen, wie ihre subjektive Erfahrungswelt aussieht. Sicherlich können wir uns vorstellen, wie es ist, den ganzen Tag mit dem Kopf nach unten von einer Höhlendecke zu hängen. Mit anderen Worten: Wir können uns in gewissen Grenzen ausmalen, wie es für uns wäre, wenn wir uns wie eine Fledermaus verhalten würden. Aber das beantwortet die Frage nicht, wie es für eine Fledermaus ist, eine Fledermaus zu sein, meint der amerikanische Philosoph Thomas Nagel, der das Gedankenexperiment erdacht hat. Wir sind nun mal keine Fledermäuse und werden auch nie welche sein. Das heißt jedoch nicht zwangsläufig, dass die Erfahrungswelt der Fledermäuse mit der unsrigen nicht doch vergleichbar ist. Das Gedankenexperiment zeigt nur, dass es offenbar Tatsachen gibt, die wir mit unseren Begriffen nicht erfassen können. Denn ganz gleich, wie viel wir über Fledermäuse wissen: Wir können nicht wissen, wie es für eine Fledermaus ist, eine Fledermaus zu sein, weil wir nun mal keine Fledermäuse sind. Wie es ist, ein bestimmter Organismus zu sein, können wir nur aus einer einzigen Perspektive erfassen – nämlich aus der Perspektive des jeweiligen Organismus selbst. Und das hat zu tun mit dem berühmten Leib-Seele-Problem. Denn wenn Nagel recht hat, dann lassen sich subjektive Erfahrungen nicht auf physische Tatsachen reduzieren. Egal wie präzise meine physische Beschreibung eines Organismus ist: Ich werde nie wissen, wie es ist, dieser Organismus zu sein. Und das gilt nicht nur für Fledermäuse, sondern genauso für Menschen. Insofern müssen wir uns nicht kränken, dass wir über die subjektive Erfahrungswelt von Fledermäusen nichts wissen können. Eine hyperintelligente Fledermaus, die alles über Menschen weiß, wüsste schließlich auch nicht, was es bedeutet, ein Mensch zu sein.

Der chinesische Raum

Ein Gedankenexperiment zeigt, warum Maschinen nicht denken können

Die menschlichen Kandidaten hatten nicht den Funken einer Chance. Ganz locker gewann der IBM-Supercomputer »Watson« im Vorjahr die US-Quizshow »Jeopardy!«. Computerprogramme können im Prinzip jede kognitive Fähigkeit simulieren, behaupten die Anhänger der »starken künstlichen Intelligenz«. Letztlich komme es nur auf die Leistungsfähigkeit der Rechner an. Die Gegner dieser Ansicht beharren darauf, dass der menschliche Geist bestimmte Fähigkeiten habe, die selbst die leistungsfähigsten Computer niemals besitzen würden. Doch dieses Argument ist »gefährlich«, meint der amerikanische Philosoph John Searle: Computer erbringen schließlich immer wieder Leistungen, die man noch vor kurzem für unmöglich gehalten hätte. Bisher hat zwar kein Computer den sogenannten »Turing-Test« bestanden, bei dem es darum geht, dass Computerprogramme erfolgreich menschliches Denkvermögen vortäuschen. Aber auch das könnte sich eines Tages ändern. John Searle selbst hat daher ein anderes, schlagkräftigeres Argument gegen die »Künstliche Intelligenz« entwickelt. Es beruht auf folgendem Gedankenexperiment: Stellen Sie sich vor, ich verstehe kein Wort Chinesisch. Ich kann nicht einmal die chinesische Schriftsprache von der japanischen unterscheiden. Nun sitze ich in einem abgeschlossenen Raum mit Schachteln voller chinesischer Schriftzeichen. Außerdem habe ich ein Buch mit Regeln, das haargenau, aber ganz stupide dazu anleitet, chinesische Fragen auf chinesisch zu beantworten. Nun reicht man mir Zettel mit chinesischen Schriftzeichen herein. Ich wende einfach mein Regelbuch an, setze die Schriftzeichen entsprechend zusammen – und reiche diese wieder aus dem Raum hinaus. Damit habe ich zweifelsfrei den Turing-Test für die chinesische Sprache bestanden. Aber es bleibt dabei, dass ich kein Wort Chinesisch verstehe. Und genauso wenig würde irgendein Computer, auf dem das Programm läuft, Chinesisch verstehen – also muss die These der »starken künstlichen Intelligenz« falsch sein. Searles Argument hat bislang noch keiner so recht geknackt. Vielleicht wäre das eine Frage für Supercomputer »Watson« in der nächsten »Jeopardy!«-Show.

Zum Weiterlesen:
John R. Searle, *Die Wiederentdeckung des Geistes*, Frankfurt am Main 1996 sowie ders., *Geist. Eine Einführung*, Frankfurt am Main 2006.

Das Rätsel des Mönchs

Was uns eine kleine Denkaufgabe über den Geist erzählt

Ein buddhistischer Mönch steigt auf einen Berg. Zum Sonnenuntergang erreicht er den Gipfel, dort meditiert er einige Tage. Schließlich begibt er sich talwärts auf den Rückweg. Zum Sonnenuntergang kommt er wieder am Fuß des Berges an. Gibt es eine Stelle, die der Mönch beim Abstieg wie beim Aufstieg zur gleichen Tageszeit passiert hat? Wenn Sie mit dem Rätsel Schwierigkeiten haben, sind Sie nicht der einzige. Man weiß nicht so richtig, wie man das Problem überhaupt anpacken soll – als ob wesentliche Informationen fehlen würden. Nun versuchen Sie folgendes: Stellen Sie sich vor, es gibt nicht bloß einen Mönch, sondern zwei. Der eine steigt zum Gipfel auf, während der andere absteigt. Das entspricht natürlich genau jener Situation, in der ein Mönch an einem Tag auf- und einige Tage später absteigt. Doch in dieser Formulierung springt einem die Lösung förmlich ins Auge. Natürlich müssen sich die beiden Mönche irgendwo auf ihrem Weg treffen – und das ist genau der gesuchte Punkt. Zwar wissen wir nicht, wo der Punkt ist, aber er existiert. Allerdings verbirgt sich hinter dieser Lösung ein neues Rätsel: Wie kommen wir zu dieser Lösung – und was überzeugt uns davon, dass sie richtig ist? In der ursprünglichen Formulierung gibt es eben nur einen Mönch – und der kann sich ja nicht in zwei Personen aufspalten. Trotzdem finden wir die Lösung zwingend. »Wir kümmern uns einfach nicht darum, ob das möglich ist oder nicht – es ist irrelevant für unsere Überlegung«, schreiben die Kognitionsforscher Gill Fauconnier und Mark Turner in ihrem Buch *The Way We Think*. Sie sehen darin ein Beispiel für einen grundlegenden kognitiven Vorgang, den sie »conceptual blend« (konzeptuelle Mischung) nennen. Zur Lösung des Rätsels benutzen wir demnach zwei verschiedene, bereits vorhandene Konzepte, die auf unserem Erfahrungswissen beruhen – eines für »Aufstieg«, das andere für »Abstieg«. Beim »Blending« projizieren wir beide gleichsam aufeinander – und finden so die Lösung.

Zum Weiterlesen:
Gill Fauconnier/Mark Turner, *The Way We Think. Conceptual Blending and the Mind's Hidden Complexities*, New York 2003.

Der Geist steckt nicht im Kopf

Unser Geist wohnt in unserem Inneren,
dachten wir jahrhundertelang.
Doch einige Philosophen bestreiten das

Wissen Sie, wie spät es ist? Aber natürlich weiß ich das, sagen Sie mit einiger Zuversicht – und schauen auf Ihre Uhr. Vom Ziffernblatt lesen Sie die Uhrzeit ab und sagen: »Es ist genau zwölf Uhr dreißig.« Offenbar können Sie die Uhrzeit nicht aus Ihrem Gedächtnis abrufen. Um in Erfahrung zu bringen, wie spät es ist, müssen Sie Ihre Uhr konsultieren. Aber wie können Sie dann behaupten, dass Sie die Uhrzeit wissen? Die Information steckt doch offenbar nicht in Ihrem Kopf, sondern in Ihrer Uhr. Und wenn Sie keine Uhr bei sich hätten, dann könnten Sie die Zeit auch gar nicht angeben. Offenbar hängt Ihr »Wissen« also irgendwie von Ihrer Uhr ab. Gehört Ihre Uhr also zu Ihrem Geist? Und reicht das Mentale womöglich über den Kopf hinaus? Unsinn, werden Sie sagen. Die Uhr ist nur ein Instrument. Mein Geist steckt unter meiner Schädeldecke. Meine Denkvorgänge, meine Überzeugungen, Wünsche und Gefühle – all das befindet sich in meinem Inneren. Doch ein Gedankenexperiment der Philosophen David Chalmers und Andy Clark bringt diese Auffassung ins Wanken. Angenommen, »Inga« und »Otto« sind New Yorker, sie kennen einander nicht. Eines Tages beschließt Inga, eine neue Ausstellung im »Museum of Modern Art« zu besuchen. Einen Augenblick lang überlegt sie, wo sich das Museum befindet. Schließlich erinnert sie sich an die Adresse und läuft hin. Ihr Glaube, dass sich das Museum in der 53. Straße befindet, war offensichtlich irgendwo in ihrem Gedächtnis abgespeichert. Otto entscheidet sich ebenfalls, in die Ausstellung zu gehen. Im Unterschied zu Inga ist er jedoch sehr vergesslich. Als Gedächtnisstütze trägt er ständig ein Notizbuch bei sich, in dem er sich alle neuen Informationen aufschreibt. Und wenn er eine Information benötigt, schlägt er sie einfach nach. Sein Notizbuch sagt ihm, dass sich das Museum in der 53. Straße befindet. Also geht er zu der Adresse und besucht die Ausstellung. Inga stützt ihren Glauben, dass sich das Museum in der 53. Straße befindet, also auf ihr Gedächtnis, während Otto auf sein Notizbuch zurückgreift. »Das Notizbuch spielt für Otto die gleiche Rolle wie das Gedächtnis für Inga«, schreiben Chalmers und Clark. Der einzige Unterschied ist, dass sich die Information in Ottos Fall eben außerhalb seines Kopfes befindet. Zunächst widerspricht das unseren Intuitionen. Normalerweise würde man denken, dass Otto zunächst mal gar nichts »glaubt«, bevor er sein Notizbuch konsultiert hat. Andererseits kann er jederzeit darauf zurückgreifen, genau wie Inga, die ja die richtige Adresse auch nicht ständig im Bewusstsein präsent hat, sondern sie erst aus ihrem Gedächtnis abrufen muss. Und in beiden Fällen können wir eine Handlung, nämlich dass beide zur richtigen Adresse laufen, aus ihrem Wunsch erklären, die Ausstellung zu besuchen – und aus ihrem Glauben, dass sich das Museum auch tatsächlich dort befindet. Mit anderen Worten: Ingas Gedächtnis spielt die gleiche »kausale Rolle« wie Ottos Notizbuch. Aber wenn das so ist, dann besteht zwischen beiden Fällen offenbar kein grundlegender Unterschied. Nun könnte man sich einen »Zwilling« von Otto vorstellen, der sich von diesem physisch durch nichts unterscheidet. Allerdings ist in seinem Notizbuch die falsche Adresse des Museums angegeben. Da er sich genauso auf sein Notizbuch verlässt wie Otto, gelangt er zu einem anderen Glauben als sein »Zwilling« – und läuft zur falschen Adresse. Aber wenn dem so ist, dann befindet sich dieser Glaube offenbar nicht »im Kopf«, folgern Chalmers und Clark, sondern eben in Ottos Notizbuch. Bei dieser Schlussfolgerung schluckt man natürlich. Ottos Notizbuch hat doch nichts »Mentales« an sich, es ist einfach nur beschriebenes Papier. Die »Methoden« von Inga und Otto haben anscheinend kaum etwas gemeinsam: Inga braucht schließlich kein Hilfsmittel, um sich an die Adresse zu erinnern – für sie reicht es, ein wenig nachzudenken. Otto hingegen muss erst mal sein Notizbuch in die Hand nehmen und darin nachschlagen. Das Notizbuch ist für ihn eben nichts »Inneres«, sondern ein Objekt der Außenwelt, mit dem er interagiert. Und während Otto sein Notizbuch jederzeit verlieren kann, trägt Inga ihr Gehirn immer bei sich. Nun könnte man denken: Nur weil Otto von seinem Notizbuch abhängig ist, heißt das doch noch lange nicht, dass es auch Teil seines Geistes ist. Gleichwohl ist für Chalmers und Clark entscheidend, dass Notizbuch und Gedächtnis die gleiche funktionale Rolle spielen. Inga benützt eben ihr Gedächtnis, um die Information abzurufen, Otto sein Notizbuch. Dieses Argument ist nicht leicht zu widerlegen. Sicherlich hat ein Notizbuch kein Bewusstsein. Aber andererseits sind uns auch nicht alle Überzeugungen, die wir in uns tragen, die ganze Zeit über bewusst. Worauf es ankommt, ist einfach nur, dass wir sie jederzeit abrufen können. Das bedeutet also, dass unser Selbst »die Grenzen unseres Bewusstseins« überschreitet. Aber wenn das stimmt, könnten die Grenzen unseres Selbst auch »jenseits unserer Schädeldecke« liegen. Denn die Informationen in Ottos Notizbuch sind ja ein zentraler Teil seiner Identität, die er genauso abrufen kann wie andere ihr Gedächtnis. Diese Überzeugung läuft darauf hinaus, dass man Otto am besten als erweitertes System versteht, als Koppelung eines biologischen Organismus mit externen Ressourcen. Spielt Google womöglich eine ähnliche Rolle wie Ottos Notizbuch? Und steckt in unserem Smartphone dann ein Teil von uns? Nach der Theorie von Chalmers und Clark hängt das vor allem davon ab, wie eng die »Koppelung« ist – also ob wir das Gerät ständig zur Verfügung haben und wie sehr wir uns auf die Informationen verlassen. Womöglich brauchen wir Google also wie der schusselige Otto sein Notizbuch.

Das Leben der Zombies

Ein gespenstisches Gedankenexperiment zeigt, warum Bewusstsein nicht auf Gehirnvorgänge reduziert werden kann

Zombies sind bekanntlich lebende Tote. Mit blutigem, halbverwestem Gesicht und leerem Blick geistern sie als Schreckensfiguren durch den Horrorfilm. Die »Zombies« in philosophischen Gedankenexperimenten hingegen sind weniger unfreundliche Gesellen. Ein »Zombie« unterscheidet sich in seiner äußeren Erscheinung und im Verhalten durch nichts von einem normalen Menschen. Doch er hat keinerlei Bewusstsein, keine subjektiven Erfahrungen. In seinem Inneren ist es einfach dunkel: Es fühlt sich nach nichts an, ein Zombie zu sein. Nach allem, was wir wissen, existieren natürlich keine Zombies. Die philosophische Frage lautet allerdings, ob Zombies existieren könnten. Man könnte sich eine Welt vorstellen, die exakt identisch ist mit unserer Welt. Mit einem einzigen Unterschied: In dieser Welt laufen unsere Zombie-Zwillinge herum, die genau so aussehen und das Gleiche tun wie wir. Nun stellen Sie sich vor, dass Sie gerade mit Freunden ein gutes Glas Wein trinken. Der Wein schmeckt Ihnen, Sie fühlen sich beschwingt und vielleicht ein wenig angeheitert. Aber was geht in diesem Moment in Ihrem Zombie-Zwilling vor? Auch er sitzt mit seinen Zombie-Freunden zusammen, nippt am Wein usw. Ihr Zombie-Zwilling ist also nicht nur physisch identisch mit Ihnen, er verarbeitet auch die gleichen Informationen, er ist also »funktional identisch«. Doch er hat keinerlei bewusste Erfahrung. Was für Sie ein beschwingter Abend ist, lässt ihn völlig kalt. Eine solche Zombie-Welt ist offenbar logisch möglich. Aber wenn das stimmt, so behauptet der Philosoph David J. Chalmers, dann beruht Bewusstsein offenbar nicht nur auf physischen Tatsachen. Sein Argument ist simpel: In unserer eigenen Welt gibt es bewusste Erfahrungen, in der Zombie-Welt nicht. Offenbar ist die Existenz von Bewusstsein also eine weitere Tatsache unserer Welt, die zu den physischen Tatsachen hinzukommt. Wenn das stimmt, kann die vulgärmaterialistische Auffassung, wonach Bewusstsein nur auf körperlichen Tatsachen beruht, nicht richtig sein. Und wenn ein Zombie ohne jegliche bewusste Erfahrung genauso »funktioniert« wie ein Mensch, dann erklären »funktionalistische« Beschreibungen offenbar nicht, was Bewusstsein ausmacht. Das Argument läuft offenbar auf einen Dualismus hinaus, wie eine spiegelbildliche Variante von Descartes' Argument, wonach der Geist ohne den Körper existieren kann – woraus folgt, dass der Geist nicht mit dem Körper identisch sein kann. Nach dem Zombie-Argument ist es denkbar, dass der Körper ohne den Geist existieren kann. Und daraus wiederum folgt, dass der Geist nicht identisch mit dem Körper oder irgendwelchen Körperfunktionen ist. So weit, so gespenstisch. Sollten Sie irgendwann einem Zombie begegnen, wissen Sie zumindest eins: Der Mensch ist mehr als sein Gehirn.

Zum Weiterlesen:
David J. Chalmers, *The Conscious Mind. In Search of a Fundamental Theory*, Oxford 1997.

Unter Kannibalen

Christen glauben bekanntlich an die Wiederauferstehung – und zwar in durchaus körperlichem Sinn. Das stellte schon die Kirchenväter vor delikate Probleme

Die Wiedererweckung der Toten gehört zu den zentralen Glaubensinhalten des Christentums. Doch gerade die Theologen hatten damit anfangs ein Problem. Denn die Menschen müssen ihren körperlichen Tod als Individuen überleben, damit sie für ihr irdisches Leben zur Rechenschaft gezogen werden können. Aber wie soll das funktionieren? Körper verfallen im Laufe des Lebens, sie werden krank – und am Ende lösen sie sich sogar auf. Schon Heraklit meinte, dass Leichname wie Müll seien, der einfach weggeworfen werden könne. Das Kernproblem der christlichen Denker war also: Hätten wir im zukünftigen Leben tatsächlich den gleichen Körper? Wäre es der Körper unserer Jugend – oder der kranke Körper vor unserem Tod? Und was tun, wenn der alte Körper etwa von Tieren gefressen wurde? Der frühchristliche Denker Athenagoras beschäftigte sich mit einem noch bizarreren Problem. Es wäre ja möglich, so dachte er, dass ein Mensch von einem Tier gefressen wird, das wiederum von einem Menschen verspeist wird. Dann würden aber Körperteile des früheren Menschen ein Teil des späteren werden. Und im Falle von Kannibalismus könnten Körperteile eines Menschen sogar auf mehrere Menschen verteilt sein. Athanagoras Lösungsvorschlag war allerdings nicht sehr befriedigend. Er behauptete einfach, dass Menschenfleisch für Menschen unverdaulich sei – und wieder ausgeschieden werde. Kirchenvater Tertullian fand eine bessere Lösung: Wenn Gott Tote zum Leben erweckt, dann stellt er eben deren gesunden Körper aus früheren Zeiten wieder her. Aber wie könnte er das anstellen? Angenommen, Gott würde etwa anbieten, Sokrates von den Toten zu erwecken. Selbst Gott bliebe nichts anderes übrig, als den Körper wieder neu zusammenzusetzen. Das philosophische Problem daran ist: Es wäre nur eine Kopie. Der US-Philosoph Peter van Inwagen hat einmal ganz ernsthaft folgende Möglichkeit durchgespielt: Gott hätte einfach ein physisches Duplikat von Sokrates erschaffen, es reparieren und irgendwo deponieren können – um ihm am Tag der Wiedererweckung neues Leben einzuhauchen. Doch sehr überzeugend ist das nicht. Schließlich handelte es sich dabei eher um eine Form der Wiederbelebung, meinten van Inwagens Kritiker – und nicht um eine Wiedererweckung zu einer neuen Art des Lebens. Heute lassen einige radikale Zukunftsoptimisten ihre Gehirne nach dem Tod in flüssigem Stickstoff einfrieren. Ihre Hoffnung ist, dass es eines Tages möglich sein wird, ihr Gehirn mit Hilfe neuer Technologien wiederherzustellen. Die Idee wirkt auf den ersten Blick gar nicht so abwegig. Das Einfrieren des eigenen Gehirns wäre eine Art Wette auf zukünftige Möglichkeiten, bei der man eigentlich nichts zu verlieren hat – zumindest als Anhänger der Unsterblichkeit. Denn wenn die Sache klappt, lebt man einfach weiter. Funktioniert es nicht, spielt es auch keine Rolle. Allerdings ist das nicht die Art Auferstehung, die das Christentum meint, sondern eher ein bizarres Szenario: Man muss sich nur vorstellen, irgendwann in 300 Jahren aufzuwachen – in einer völlig fremden Welt und unter Menschen, mit denen man nicht das mindeste zu tun hat.

Der Fremde von nebenan

Wir wissen nicht, was in
anderen vorgeht. Aber wir müssen so tun,
als wüssten wir es

Woher wissen Sie eigentlich, dass Ihr Arbeitskollege kein Zombie ist? Schließlich haben Sie ja noch nie in sein Inneres geschaut. Also können Sie auch nicht sehen, ob da wirklich Gedanken oder Gefühle sind. Vielleicht ist Ihr Kollege einfach nur ein raffiniert gebauter Roboter. Einmal stellte Ludwig Wittgenstein eine irritierende Frage: »Ich glaube, dass er leidet – glaube ich auch, dass er kein Automat ist?« Doch die Frage ist für Wittgenstein sinnlos. Dass jemand unter Schmerzen leidet, können wir erkennen. Aber die Frage, ob er ein Automat sein könnte, stellt sich gar nicht. Wir müssen davon ausgehen, dass er keiner ist. Zwar können wir uns in Gedanken vorstellen, die Menschen um uns herum wären nur Maschinen, obwohl sie sich ganz normal verhalten. Doch diese Vorstellung wäre ziemlich merkwürdig, sagt Wittgenstein: »Aber nun versuch einmal im gewöhnlichen Verkehr, z. B. auf der Straße, an dieser Idee festzuhalten. Sag dir etwa: ›Die Kinder sind bloße Automaten, alle ihre Lebendigkeit ist bloß automatisch.‹ Und diese Worte werden dir entweder gänzlich nichtssagend werden; oder du wirst in dir etwa eine Art unheimliches Gefühl, oder dergleichen, erzeugen.« Wir können offenbar nicht wissen, ob ein Mensch nicht in Wahrheit nur eine Maschine ist. Aber wir müssen voraussetzen, dass er ein Mensch ist, sonst könnten wir gar nicht sinnvoll mit ihm kommunizieren. »Meine Einstellung zu ihm ist eine Einstellung zur Seele. Ich habe nicht die Meinung, daß er eine Seele hat«, sagt Wittgenstein. Eine Meinung kann richtig oder falsch sein. Eine Einstellung hingegen kann man nur gutheißen oder ablehnen. Sicherlich wissen Sie nicht, ob Ihr Arbeitskollege wirklich ein Mensch ist. Aber solange er sich wie ein Mensch verhält, ist es auch sinnlos, daran zu zweifeln.

Zum Weiterlesen:
Ludwig Wittgenstein, *Philosophische Untersuchungen*, Frankfurt am Main 1971.

Billard mit Kant

*Woher wissen Sie eigentlich,
dass Sie immer dieselbe Person sind –
und nicht jeden Tag eine andere?*

Die Metaphysiker seit Platon waren überzeugt: Unser wahres Selbst ist immateriell und unzerstörbar. Neben dem Körper haben wir demnach ein rein geistiges Wesen, das uns zu dem macht, was wir sind. Nach dieser Vorstellung bin ich der gleiche Mensch wie gestern, vor fünf Monaten oder zehn Jahren, weil ich eben die gleiche »Seele« habe. Erst im 18. Jahrhundert erschütterten Empiristen wie John Locke und David Hume diese Vorstellung. Doch das entscheidende Argument lieferte Immanuel Kant (1724–1804). Nach Kant kann es keine objektive Erkenntnis der Seele geben, geschweige denn einen Beweis für ihre Unsterblichkeit. Alle Versuche der Metaphysiker, die Seele zu beweisen, waren zum Scheitern verurteilt. Der Kardinalfehler liegt nach Kant darin, die Einheit unseres Bewusstseins zu verdinglichen – also zu einem wirklichen Gegenstand außerhalb des denkenden Subjekts zu machen. Das »transzendentale Ich«, wie Kant es nennt, ist das, was für die Einheit unseres Bewusstseins sorgt: »Das: Ich denke, muß alle meine Vorstellungen begleiten können.« Jeder Gedanke, jede Vorstellung muss also ein Subjekt haben. Doch dieses »transzendentale Ich« ist der Erfahrung nicht zugänglich, sagt Kant. Schließlich ist es ja selbst der Ursprung unserer Verstandeskategorien und damit die Bedingung aller objektiven Erkenntnis. Folglich kann es nicht selbst nach diesen Kategorien erfassbar sein. Über das »Ich denke«, also das »transzendentale Ich«, kommt man nicht hinaus. Vor allem aber kann man daraus nicht den Schluss ziehen, dass dieses »transzendentale Ich« unser Selbst ist. Kant liefert dafür ein brillantes Argument. Zwar bin ich mir als denkendes Subjekt ständig der Einheit meiner selbst über die Zeit bewusst. Aber diese Identität ist nur die »formale Bedingung meiner Gedanken und ihres Zusammenhangs«. Mit anderen Worten: Ich kann meinen Gedanken nur fassen, wenn ich davon ausgehe, dass ich selbst es bin, der diesen Gedanken fasst – und nicht ein anderer. Daraus darf ich jedoch nicht schließen, dass ich auch objektiv immer derselbe bin.

Kant vergleicht die Seele mit einer Billardkugel. Eine Billardkugel überträgt ihre Bewegung durch einen Stoß auf die nächste, diese wiederum auf die nächste und so weiter – die Bewegung bleibt immer die Gleiche, obwohl es verschiedene Kugeln sind. Analog könnte auch eine Seele ihr Bewusstsein auf die nächste Seele übertragen und so weiter. Aus der Beständigkeit unseres Bewusstseins können wir also nicht schließen, dass es sich immer um dieselbe Seele und damit um dieselbe Person handelt. Theoretisch könnten wir jeden Tag eine andere Seele haben – ohne es zu bemerken. Zwar können wir die Existenz der Seele nicht beweisen. Doch Kant hat einen Trost parat: Unsere praktische Vernunft muss die Existenz der unsterblichen Seele postulieren. Denn in einem endlichen Leben können wir niemals alle an uns gestellten moralischen Forderungen erfüllen. Um ein wahrhaft guter Mensch zu sein, brauchen wir die Unsterblichkeit.

Zum Weiterlesen:
Immanuel Kant, *Kritik der reinen Vernunft*,
Frankfurt am Main 2000.

Können Tränen denken?

Emotionen galten lange als blind und irrational. Doch sie erweitern unseren Geist – und vermitteln Wissen über die Welt

Nichts scheint unvernünftiger zu sein als eine Emotion. Ganz plötzlich steigt sie hoch, oft ohne jegliche Überlegung, binnen Millisekunden – unkontrolliert, einseitig und natürlich gnadenlos subjektiv. Emotionen werfen uns aus der Bahn, sie blockieren das Denken, treiben uns zu Raserei und Mord. Kein Wunder also, dass die Philosophen – von Platon bis Kant – für die scheinbar blinden »Affekte« lange Zeit so wenig übrig hatten. Was hat ein Wutausbruch schon mit Erkenntnis zu tun? Ein Schwall Tränen mit Vernunft? Heutige Philosophen sehen die Emotionen in einem anderen Licht. Manche halten sie sogar für eine Art Urteil, das uns Wissen über die Welt vermittelt. Unterstützung für diese Sicht kommt aus der modernen Neurowissenschaft. Viele Hirnforscher betrachten Emotionen heute als komplexe, weitgehend automatisierte Handlungsprogramme, die meist blitzartig ablaufen – überlebensnotwendig im evolutionären Selektionsprozess: Wer nicht lange nachdenken muss, wenn er mit einer Gefahr konfrontiert ist, hat eben eine höhere Chance zu überleben. Zwischen Emotionen und Verstand besteht offenbar eine widersprüchliche Beziehung: Einerseits erscheinen uns die Emotionen blind und unvernünftig, als wären sie nur körperliche Reflexe. Doch in vielen Fällen halten wir emotionale Reaktionen auch für angemessen. Wir berufen uns sogar auf Emotionen, um Handlungen zu rechtfertigen. Umgekehrt scheinen viele Emotionen von Urteilen und Überzeugungen abzuhängen: Wenn Sie wütend sind, weil Sie glauben, dass jemand Ihr Fahrrad gestohlen hat, wird Ihre Wut schnell wieder verfliegen, sobald Sie feststellen, dass Sie sich geirrt haben.

Emotionen wie Angst, Scham oder Zorn sind »intentionale« Zustände, die auf etwas in der Welt gerichtet sind. Sie erschöpfen sich nicht im Erleben selbst, sondern repräsentieren ihren Gegenstand auf bestimmte Weise: Wer sich vor einer Schlange fürchtet, stellt sie sich als gefährlich vor. Emotionen vermitteln uns offenbar Informationen über die jeweilige Situation. Sie enthalten aber auch eine Bewertung, was diese Informationen für uns persönlich bedeuten. Zugleich spielen sie eine motivationale Rolle, sie treiben uns also zum Handeln. Wenn Sie jemanden um sein Auto beneiden, dann haben Sie erstens Informationen über das Auto, zweitens bewerten Sie den Umstand negativ, dass Sie womöglich nur eine alte Schrottkiste fahren – und drittens wünschen Sie vielleicht, das Auto des Nachbarn selbst zu besitzen. Offenbar macht es einen großen Unterschied, ob man eine Situation emotionslos auf eine bestimmte Weise beurteilt oder sie tatsächlich so erlebt. Stellen Sie sich vor, Sie stehen vor einem Tigerkäfig. Wahrscheinlich glauben Sie, dass der Tiger wohl gefährlich ist. Doch Sie empfinden keine Furcht, schließlich ist der Tiger ja im Käfig.

Doch plötzlich stellen Sie fest, dass die Käfigtüre offen steht. Nun beginnt Ihr Herz zu rasen: Ihre Überzeugung, dass Tiger gefährlich sind, hat plötzlich eine ganz andere Bedeutung. Nun wird Ihnen klar, dass der Tiger Sie ganz persönlich bedroht. Also werden Sie losrennen und sich in Sicherheit bringen. Nach Auffassung einiger Philosophen sind Emotionen eine Art Urteil. Wenn Sie auf jemanden wütend sind, fällen Sie das Urteil, dass Ihnen diese Person Unrecht getan hat. Allerdings kann man auch eifersüchtig sein, obwohl man eigentlich keinen Grund dazu hat. Und man kann Flugangst haben gegen die eigene Überzeugung, dass Flugzeuge die sichersten Verkehrsmittel der Welt sind. Zwischen Emotionen und Überzeugungen können also auch Konflikte auftreten. Manche Philosophen glauben, dass Emotionen eine ähnliche Rolle spielen wie unsere Wahrnehmung. Die französische Philosophin Christine Tappolet etwa behauptet, dass uns Emotionen die »Werteigenschaften« einer Situation zugänglich machen, so wie die sinnliche Wahrnehmung die natürlichen Eigenschaften, etwa Formen oder Farben, repräsentiert. Aus dieser Sicht ist eine Emotion dann angemessen, wenn ihr Objekt diese »Werteigenschaften« tatsächlich besitzt – so wie eine Aussage wahr ist, wenn sie den Tatsachen entspricht. Und so wie uns die sinnliche Wahrnehmung manchmal täuscht, so können sich auch Emotionen irren – etwa wenn wir erheitert auf eine Situation reagieren, die in Wirklichkeit alles andere als lustig ist. Emotionen heben offenbar bestimmte Merkmale einer Situation hervor und verleihen ihnen ein besonderes Gewicht. In Entscheidungssituationen helfen sie uns dabei, die Fakten zu sortieren und unbrauchbare Alternativen auszuscheiden. Unterstützung bekommt diese Sicht heute aus der Neurowissenschaft. So haben Hirnforscher gezeigt: Menschen mit bestimmten Hirnschäden, deren Emotionen stark beeinträchtigt sind, können offenbar keine rationalen Entscheidungen mehr treffen. Emotionen können zwar nicht wahr oder falsch sein, sehr wohl aber angemessen oder unangemessen. Daher kommen wir nicht umhin, über unsere Emotionen nachzudenken, wenn wir uns als rationale Wesen ernst nehmen wollen. Das heißt aber auch, dass wir Emotionen kritisieren können. Ein Wutanfall, ein Schwall Tränen kann einfach unangemessen sein. Auch wenn wir uns manchmal nicht dagegen wehren können.

Zum Weiterlesen:
Sabine A. Döring (Hg.), *Philosophie der Gefühle*,
Frankfurt am Main 2009.

Gründe sind Ursachen

Gründe erklären Handlungen.
Ursachen beziehen sich auf Gesetze.
So denken wir, aber stimmt das auch?

Angenommen, Sie kommen nach Hause und betätigen den Lichtschalter. Ohne es zu wissen, schrecken Sie dadurch auch einen Einbrecher in Ihrer Wohnung auf. Wenn man Sie fragt, warum Sie das Licht angeknipst haben, dann werden Sie vermutlich sagen: »Weil ich Licht machen wollte.« Das ist der Grund, der Ihre Handlung erklärt. Aber müsste man dann nicht auch sagen, dass Ihr Grund für das Anknipsen des Lichtschalters auch die Ursache dafür war, dass der Einbrecher die Flucht ergriffen hat? Normalerweise unterscheiden wir zwischen Gründen und Ursachen. Gründe geben an, warum wir etwas tun. Bei Ursachen hingegen denken wir an Muster und regelmäßige Zusammenhänge. Lange waren die Philosophen mehrheitlich der Auffassung, dass Gründe keine Ursachen sein können. Doch der amerikanische Philosoph Donald Davidson erschütterte diese Überzeugung. Im Zentrum seines Arguments steht der »primäre Grund« für eine Handlung. Darunter versteht Davidson die Verbindung einer »Proeinstellung« zu einer

Handlung mit der Überzeugung, dass die Handlung auch tatsächlich von dieser Art ist: Ich betätige den Lichtschalter im Glauben, dass diese Handlung für Licht sorgt; zugleich habe ich aber auch die Absicht, das Licht anzuschalten. Davidson behauptet nun, dass ein solcher primärer Grund auch eine Ursache ist – in diesem Fall die Ursache dafür, dass der Einbrecher alarmiert wird. Der Witz liegt darin, dass man ein und dieselbe Handlung auf mehr als eine Weise beschreiben kann. Das Betätigen des Lichtschalters lässt sich als »Lichtanmachen« beschreiben, aber eben auch als (unabsichtliches) »Alarmieren des Einbrechers«. In der einen Beschreibung besteht eine »rationale«, in der anderen eine »kausale« Verknüpfung. Letztere kann man als gesetzmäßige Regelmäßigkeit beschreiben – Einbrecher werden eben aufgeschreckt, wenn das Licht angeht – erstere nicht unbedingt. Davidson nennt das den »Anomalismus des Mentalen«: Mentale Ereignisse können also physische Ereignisse bewirken, aber eben nicht nach strikten Gesetzen. Das sollten Sie bedenken, wenn Sie das nächste Mal das Licht anmachen.

Identitätsprobleme

Warum wir uns ändern und doch die Gleichen bleiben

Ein Gläubiger will vom Schuldner sein Geld zurück. Doch statt seine Schulden zu begleichen, verwickelt der ihn in eine Diskussion: Ob der Gläubiger nicht auch denke, dass alles, was sich verändert, zu einem anderen Ding werde. Ein Haufen Steine, von dem man einen Stein wegnehme, sei doch wohl nicht mehr der gleiche Haufen wie zuvor. Der Gläubiger stimmt ihm zu. »Nun denn, verändern sich nicht auch Menschen ständig?«, fragt der Schuldner. Wieder muss der Gläubiger zustimmen. Der Schuldner setzt triumphierend nach: »Daraus folgt aber, dass ich nicht die gleiche Person bin wie jene, die Schulden bei dir hat – also schulde ich dir nichts.« Daraufhin versetzt ihm der Gläubiger einen Schlag ins Gesicht. Und als dieser sich beschwert, antwortet er nur, dass der Protest den Falschen treffe: Schließlich sei er, der Gläubiger, ja auch nicht mehr die gleiche Person wie jene, die ihn einen Augenblick zuvor geschlagen hatte. Ein ziemlich schlagfertiges Argument, das der griechische Komödienschreiber und Philosoph Epicharmus hier liefert. Doch wahrscheinlich werden Sie es nicht sehr überzeugend finden. Sicherlich verändern wir uns ständig, in jedem Augenblick. Und doch gehen wir im Allgemeinen davon aus, dass wir heute dieselbe »Person« sind wie gestern. Unsere Identität über die Zeit hinweg hängt offenbar nicht allein von körperlichen Kriterien ab, sondern von »psychologischen« Verbindungen – von unseren Erinnerungen, unserer Persönlichkeit, unseren Überzeugungen. Machen wir ein kleines Gedankenexperiment: Angenommen, Sie könnten mit jemandem das Gehirn tauschen und man würde Ihrem zukünftigen Selbst eine Million Euro versprechen: Wären Sie dann lieber die Person mit Ihrem Gehirn, aber einem fremden Körper – oder Ihr Körper mit einem fremden Gehirn? Noch im 18. Jahrhundert glaubten die meisten Philosophen, die Idenität eines Menschen basiere auf einer immateriellen, unsterblichen und unveränderlichen Substanz – der Seele. Nach dieser Vorstellung ist jeder von uns heute der gleiche Mensch wie vor zehn Jahren, weil er eben die gleiche Seele hat. Der englische Philosoph John Locke (1632–1704) lehnte die Seele zwar nicht ab. Aber für ihn erklärt sie nicht die Kontinuität einer Person. Nur das Bewusstsein, sagt Locke, könne »fernstehende Existenzen zu ein und derselben Person vereinigen«. Die Schlüsselrolle dabei spielt unsere Erinnerung. Wenn ich mich daran erinnere, was ich gestern getan habe, dann weiß ich auch, dass ich es war. Schließlich kann ja nur ich meine Erinnerungen haben. Locke erläutert das am Beispiel eines Fürsten, dessen Bewusstsein in den

Körper eines Flickschusters eintritt: Nach Locke ist der Schuster damit die gleiche Person wie der Fürst, schließlich hat er ja dessen Erinnerungen – und damit ist er auch verantwortlich für alles, was der Fürst getan hat. Die Erinnerung ist entscheidend für unser Ich-Empfinden. Ohne Bewusstsein unserer Vergangenheit, so behauptete Locke, sind wir offenbar keine Personen. Lockes Theorie führt jedoch zu einigen Schwierigkeiten. Der Philosoph Thomas Reid (1710–1796) stellte folgende Überlegung an. Angenommen, ein tapferer Offizier bekam als kleiner Junge Prügel, weil er einen Apfel gestohlen hat. In seinem ersten Feldzug eroberte er eine Standarte. Später wurde er General. Nun könnte es ja sein, dass ihm während seines ersten Feldzugs bewusst war, dass er in der Schule geschlagen worden war. Und in seiner Zeit als General konnte er sich zwar an seinen ersten Feldzug erinnern, aber nicht mehr daran, dass er als Junge geschlagen worden war. Nach Locke wäre der Soldat mit der Standarte zwar die gleiche Person wie der Schuljunge und der General die gleiche Person wie der Soldat, der General aber nicht mehr die gleiche Person wie der Schuljunge – und das wäre ein glatter Widerspruch. »Es gibt einige Philosophen, die sich einbilden, wir seien uns dessen, was wir unser Ich nennen, jeden Augenblick aufs Unmittelbarste bewusst«, schrieb David Hume. Nach Hume beruhen alle Vorstellungen auf sinnlichen Eindrücken. Wir haben aber keinen solchen Eindruck von einem beständigen Selbst. Vielmehr jagt offenbar ein Eindruck den anderen. Was wir für unser Selbst halten, das ist einfach ein Bündel von Wahrnehmungen und Gedanken. Hume vergleicht den Geist mit einem Theater, in dem die verschiedenen Perzeptionen nacheinander auftreten. Weder spielt ein »Selbst« mit, noch gibt es einen Regisseur, der unsere Wahrnehmungen steuert. Aber woher kommt dann unser Eindruck, dass wir immer derselbe sind? Humes Antwort liegt in der Ähnlichkeit unserer Wahrnehmungen. Wenn aufeinanderfolgende Wahrnehmungen einander ähneln, dann neigen wir zum Glauben, dass die frühere Wahrnehmung einfach weiterexistiert, und nehmen an, dass es sich um ein und dasselbe Objekt handelt. Wenn es regnet, machen wir auch keinen Unterschied zwischen dem Regen jetzt und dem Regen vor zwanzig Sekunden. Nach Hume legen wir uns eine Geschichte zurecht, die unsere Wahrnehmungen miteinander verbindet – und genau das führt uns zur Vorstellung eines beständigen Selbst. So gesehen spielen wir alle die ganze Zeit Theater.

Zum Weiterlesen:
Raymond Martin/John Barresi, *The Rise and Fall of Soul and Self. An Intellectual History of Personal Identity*, New York 2008.

Ego-Verlust

Warum unser Ich womöglich nur eine Fiktion ist

Es wird gedacht. Also muss es auch ein »Denkendes« geben. Das war, in aller Kürze, der Gedanke von Descartes. Doch Friedrich Nietzsche sah darin bloße »grammatische Gewöhnung«, so wie wenn man von einem »Tun« auf einen »Täter« schließt. Das »Subjekt«, das »Ich« existiert für ihn gar nicht, es sei bloß etwas »Hinzugedichtetes, Dahinter-Gestecktes«. Geist, Seele, Bewusstsein – alles nur Fiktionen, die eigentlich unbrauchbar sind. Aber warum nicht statt einem einzigen Selbst eine »Vielzahl von Subjekten« annehmen? Die Philosophen vor ihm hätten aus dem Bewusstsein eine Einheit gemacht – ein Wesen, »etwas, das fühlt, denkt, will«. Doch am Ende sind wir einfach nur Leib – und die Seele sei »nur ein Wort für ein Etwas am Leibe«. Was sehe ich, wenn ich mich im Spiegel sehe? Ich sehe mich »selbst«. Ein menschliches Wesen aus Fleisch und Blut.

Ich sehe kein »Selbst«. Mein Selbst – das bin einfach ich selbst. Unterliegen wir also einer sprachlichen Illusion, erzeugt durch den Gebrauch des Reflexivpronomens, wenn wir von einem »Selbst« sprechen? Nehmen Sie folgendes Beispiel: Mein Fahrrad gehört »mir« – es ist »mein« Fahrrad. Aber hat mein Fahrrad deshalb die Eigenschaft »Mein«?

Nach Ludwig Wittgenstein neigen wir dazu, auf die Existenz von einer geistigen Tätigkeit zu schließen, wenn wir keine körperliche Handlung sehen. Wittgenstein erläutert das am Beispiel des »Zeigens« auf eine Spielfigur. Wenn ich etwa auf einen »König« im Schachspiel zeige, dann kann ich das offenbar nicht als rein körperliche Handlung beschreiben. Schließlich muss ich ja wissen, worauf ich da zeige. Das suggeriert mir, dass es sich um einen geistigen Vorgang handelt: »Wo unsere Sprache uns einen Körper vermuten läßt, und kein Körper ist, dort, möchten wir sagen, sei ein *Geist*.« Genauso ist es, wenn wir das Wort »ich« gebrauchen: Wir unterliegen dabei der Täuschung, dass wir das Wort gebrauchen, »um von etwas Körperlosem zu sprechen, das jedoch seinen Sitz in unserem Körper hat.« Und dieses »Ich« sei jenes, das Descartes meine. Für Wittgenstein heißt das nicht, dass es nur einen Körper gibt: »Das Wort ›Geist‹ hat Bedeutung, d. h. es hat einen Gebrauch in unserer Sprache; aber wenn man das sagt, sagt man noch nicht, welche Art von Gebrauch wir von diesem Wort machen.«

Beam me up!

Ein Science-Fiction-Beispiel zeigt, warum unser Selbst nicht wichtig ist, um weiter zu existieren

Stellen Sie sich vor, Sie steigen in einen Teletransporter. Die Maschine beamt Sie in Lichtgeschwindigkeit zum Mars. Als Sie den grünen Knopf drücken, werden Sie für eine Stunde bewusstlos. In dieser Zeit zerstört ein Scanner Ihren Körper und Ihr Gehirn, zeichnet den exakten physiologischen Zustand auf, Zelle für Zelle, Molekül für Molekül – und überträgt die Daten zum Mars. Dort stellt ein Replikator Körper und Gehirn wieder her. Als Sie auf dem Mars erwachen, merken Sie keinen Unterschied. Sogar der Schnitt von der morgendlichen Rasur ist noch zu sehen.

Da die Sache so gut funktioniert hat, lassen Sie sich öfter teletransportieren. Doch eines Tages passiert etwas Merkwürdiges. Als Sie den grünen Knopf drücken, bleiben Sie bei Bewusstsein. Das Personal teilt Ihnen mit, dass seit kurzem ein neuer Scanner eingesetzt wird. Die Maschine habe Ihre Daten aufgezeichnet, ohne Körper und Gehirn zu zerstören. Auf dem Mars existiere nun eine exakte Kopie von Ihnen, während Sie auf der Erde geblieben sind. Als besonderen Service können Sie sich per Videoschaltung mit sich selbst unterhalten. Tatsächlich merken Sie keinen Unterschied zwischen sich und Ihrem Doppelgänger. Doch dann klärt Sie das Personal auf, dass es zu einer folgenschweren Panne gekommen ist: Der neue Scanner habe Ihr Gehirn und Ihren Körper zwar exakt kopiert, dabei allerdings Ihr Herz beschädigt. Während Ihr Replikat auf dem Mars gesund bleibt, werden Sie auf der Erde in den nächsten Tagen sterben. Leben Sie auf dem Mars einfach weiter? Ist Ihr Replikat also identisch mit Ihrer Person? Oder sterben Sie, während nur eine Kopie von Ihnen weiterexistiert?

Das Gedankenexperiment stammt von dem britischen Philosophen Derek Parfit. Das erste »Reiseszenario« ist noch recht übersichtlich. Schließlich werden Sie zerstört, bevor Sie repliziert werden. Das macht es irgendwie plausibler, dass Sie tatsächlich auf dem Mars weiterexistieren. Im zweiten Szenario hingegen überschneidet sich Ihr Leben auf der Erde mit Ihrem Leben auf dem Mars. Offenbar müssen Sie zur Kenntnis nehmen, dass Ihre Kopie auf dem Mars jemand anderes ist – schließlich können Sie ja mit ihm reden. Zwar ist Ihr Doppelgänger genauso wie Sie. Aber wenn Sie sich in den Finger stechen, spürt er nichts. Und während Sie hier auf der Erde sterben, lebt Ihr Doppelgänger munter weiter. Mit anderen Worten: Sie sind dann einfach tot – und was Ihr Doppelgänger auf dem Mars so treibt, hat nichts mehr mit Ihnen zu tun.

Philosophen unterscheiden zwischen numerischer und qualitativer Identität. Dinge sind numerisch identisch, wenn es sich um ein und dasselbe Ding handelt. Qualitativ identisch sind sie dann, wenn sie exakt gleich sind, aber eben nicht numerisch identisch – wie zum Beispiel zwei weiße Billardbälle. Unsere qualitative Identität verändert sich offenbar ständig – unser Aussehen, unser Körpergewicht, Gesundheitszustand und so weiter. Die Frage ist also, was uns heute zu ein und derselben Person macht, die wir vor zehn Jahren waren? Eine naheliegende Antwort wäre die Fortexistenz unseres physischen Organismus. Schließlich identifizieren wir Personen ja auch im Alltag anhand ihrer körperlichen Eigenschaften. Natürlich verändern sich diese Eigenschaften »qualitativ« über die Jahre. Doch solange eine gewisse Kontinuität gewahrt ist, bleiben wir offenbar »numerisch« die gleiche Person. Nach diesem »physischen Kriterium« bin ich also ein und dieselbe Person über die Zeit hinweg, wenn ich den gleichen Körper und das gleiche Gehirn habe. Nach dieser Auffassung wäre Teletransportation natürlich glatter Selbstmord: Schließlich werden Körper und Gehirn dabei zerstört. Die Verbindung zwischen der früheren und der späteren Person wäre zerrissen. Die »Replikation« wäre also nur eine Kopie – und Sie selbst wären tot. Wo aber ist es wirklich die körperliche Kontinuität, die unser Selbst ausmacht? Stellen Sie sich vor, man würde Ihr Gehirn (mit allen

Ihren Erinnerungen) in den Kopf eines anderen Menschen transplantieren – zurück bliebe Ihr Körper ohne Gehirn. Offensichtlich geht mit Ihrem Gehirn auch Ihr Geist auf einen anderen Körper über. Der Empfänger Ihres Gehirns würde also plötzlich denken, dass er »Sie« ist. Schließlich hat er alle Ihre Erinnerungen. Unsere personale Identität hängt demnach nicht von körperlichen Kriterien ab, sondern von gewissen »psychologischen« Verbindungen über die Zeit hinweg. Unsere Erinnerungen spielen dabei offenbar eine Schlüsselrolle: Wenn ich mich daran erinnern kann, dass ich gestern eine Pizza gegessen habe, dann gibt es offenbar eine Verbindung zwischen mir und dieser Person. Doch diese Person muss nicht notwendigerweise »ich« sein. Man könnte mir ja auch die Gedächtnisspuren eines anderen eingepflanzt haben. Trotzdem wüsste ich, wie es für diesen Menschen war, eine Pizza zu essen. Parfit nennt das eine q-Erinnerung. Solche Verbindungen können nach Parfit aber auch bestehen zwischen unseren Überzeugungen, Wünschen und anderen mentalen Zuständen. Worauf es ankommt, ist demnach nicht die Fortexistenz einer Entität, die wir » Seele« oder »Selbst« nennen – sondern die Kontinuität dieser psychologischen Verbindungen. Nach dieser Auffassung müssen wir aber auch die Teletransportation in einem anderen Licht sehen. Mein Doppelgänger auf dem Mars ist zwar nicht »ich«, da ich ja tot bin. Aber wenn er genügend q-Erinnerungen an mich hat, existiere ich in ihm fort. Das ist zwar nicht ganz das, was wir gemeinhin unter Unsterblichkeit verstehen. Aber es ist auf alle Fälle besser als nichts – oder sogar, wenn Parfit recht hat, fast genauso gut wie gewöhnliches Weiterleben.

Zum Weiterlesen:
Derek Parfit, *Reasons and Persons*,
Oxford 1986.

Der Philosoph, der früher ein Busch war

Warum die griechischen Philosophen an die Seelenwanderung glaubten

Pythagoras von Samos weilt noch immer unter uns. Das folgt jedenfalls aus seiner eigenen Lehre. Wie einige andere vorsokratische Denker propagierte der große Mystiker und Mathematiker den Glauben an die Seelenwanderung. Seine Mitmenschen soll er gelegentlich sogar an deren frühere Existenz erinnert haben. Das trug ihm wenig schmeichelhafte Anekdoten ein, wie sie etwa Xenophanes erzählt: »Einmal kam er gerade vorbei, als ein Hündchen geschlagen wurde; er bemitleidete es und sagte: ›Hören Sie bitte auf und schlagen Sie es nicht. Denn es ist die Seele eines Freundes; ich habe sie sofort erkannt, als ich sie Laute von sich geben hörte.‹« Empedokles von Akragas behauptete sogar, er könne sich an seine früheren Inkarnationen erinnern: »Denn einst bin ich schon ein Knabe gewesen, ein Mädchen, ein Busch und ein Vogel und ein aus dem Meer springender, wandernder Fisch.« Mit der Seelenwanderung begründete der Philosoph auch sein Verbot, Fleisch zu essen: Denn wer ein Tier töte, ermorde womöglich seinen eigenen Vater. Auch die vergeistigte Bewegung der Orphiker glaubte an die Reinkarnation. Und selbst Platon war überzeugt, dass die »unphilosophischen« Seelen »nach ihrer Sinnesart« wiedergeboren werden – die einen als Menschen, andere jedoch als Esel, Wölfe oder Geier. Nur die wahren Philosophen, so dachte er, bleiben von der Wiedergeburt verschont – und gehen in die Sphäre des Göttlichen ein. Zugleich kursierten in der Antike bizarre Geschichten von Seelenreisen und außerkörperlichen Erfahrungen. Von einem Mann namens Hermotimos von Klazomenai wurde sogar berichtet, seine Seele haben den Körper oft für Jahre verlassen. Woher hatten die frühen Griechen diese Ideen und warum wurden sie so populär? Darüber streiten die Gelehrten bis heute. Manche vermuten Einflüsse aus Indien, andere durch den Schamanismus asiatischer Völker. Pythagoras selbst galt als Zauberer und Magier, von dem es hieß, er könne an mehreren Orten zugleich sein. Legenden berichten sogar, er habe bei einem olympischen Wettkampf einmal seinen goldenen Schenkel gezeigt – ein Zeichen der Schamanen. Der Altertumswissenschaftler Jan N. Bremmer hat eine andere Erklärung für die Popularität der Seelenwanderung im frühen Griechenland, nämlich die damalige politische Lage. Pythagoras und seine Anhänger beherrschten die Polis von Kroton in Kalabrien. Als ihre politische Macht schwand, so glaubt Bremmer, könnte ihnen das Versprechen der Wiedergeburt ein »Gefühl von Wichtigkeit« vermittelt haben – und die Hoffnung, ihren Platz in der Gesellschaft zurückzugewinnen. Wenn auch in einer zukünftigen Welt.

Wille & Vorstellung

Von den Tücken des menschlichen Handelns – und einer Maschine, die uns glücklich macht

Die Ruhe selbst

Wie wir lernen können, im Einklang mit dem Schicksal zu leben

Ein weiser Mensch weiß, was in seiner Macht liegt – und was nicht. Das war die Auffassung der Stoiker: Nicht alle Dinge können wir beeinflussen. Über jedem von uns waltet ein von der göttlichen Vernunft vorherbestimmtes Schicksal. Aber wir können lernen, dieses Schicksal anzunehmen – und im Einklang mit dem göttlichen Weltgesetz zu leben. Wahren Seelenfrieden erreichen wir, wenn wir nur das begehren, was ohnehin geschieht. »Verlange nicht, dass die Dinge verlaufen, wie du es wünschst, sondern wünsche sie so, wie sie verlaufen«, schrieb der freigelassene Sklave Epiktet. Dazu müssen wir gewissenhafte Selbsterforschung betreiben und uns von unseren irrationalen Emotionen befreien. Es sind nicht die Dinge selbst, die uns beunruhigen – sondern unsere Vorstellungen, die wir von den Dingen haben. Wenn uns jemand beleidigt, so ist das nur unsere »Meinung«, dass er uns dadurch verletzt. Denn unser Selbst, unser tiefstes Inneres ist unverletzlich. Jeder kann sich seine Wünsche erfüllen, indem er eben nur das anstrebt, was er auch bekommen kann. Wer wirklich frei sein will, der darf eben nichts begehren und nichts fürchten, was in der Macht anderer liegt – sonst wird er von ihnen abhängig. Vieles können wir zwar nicht steuern. Aber wir können steuern, wie wir darauf reagieren. Nach Epiktet sind wir wie Schauspieler in einem Theaterstück: Welche Rolle uns der Regisseur auch immer zuteilt, ob es ein Herrscher, ein Bettler oder ein Durchschnittsmensch ist: Jeder muss seine Rolle so gut wie möglich spielen. Sie auszuwählen ist hingegen Sache eines anderen. Und was, wenn die Rolle todlangweilig ist? Nach Epiktet sollten Sie bedenken: Auch das ist nur eine »Meinung«. Machen Sie einfach das Beste daraus!

Zum Weiterlesen:
Epiktet, *Anleitung zum glücklichen Leben*, griechisch/deutsch, herausgegeben von Rainer Nickel, Düsseldorf 2006.

Der Trost des Philosophen

Warum das Böse gar nicht existiert – und es das Schicksal immer nur gut mit uns meint

Das Böse hat bekanntlich Macht in dieser Welt. Gottgläubige Menschen stellte das immer schon vor ein Problem: Wie kann der Allmächtige das Böse zulassen, obwohl er doch das vollkommen Gute ist? Und wie verträgt sich göttliche Vorsehung mit der Freiheit von uns Erdenmenschen? Diese Fragen beschäftigten den römischen Ex-Konsul Boethius (ca. 480–524), während er im Kerker auf seine Hinrichtung wartete. Eine undurchsichtige Intrige war ihm zum Verhängnis geworden, er hatte also allen Grund, mit seinem Schicksal zu hadern. Sein *Trost der Philosophie*, geschrieben in den letzten Monaten seines Lebens, gehört zu den populärsten philosophischen Büchern aller Zeiten. Mitten in seiner Verzweiflung bekommt der Protagonist Besuch von der »Philosophie«, allegorisch dargestellt als Frau. Die Philosophie will ihn zur Selbsterkenntnis führen. Alles äußere Glück, so weist sie ihm nach, sei unbeständig. Der Weg zur Glückseligkeit liegt nicht in äußeren Gütern, sondern in uns selbst: »Warum also, Ihr Sterblichen, sucht Ihr ein Glück draußen, das doch in Euch liegt?« Der Mensch strebt eigentlich nach dem Guten, und das vollkommen Gute ist auch das wahre Glück. Menschen werden daher nur glücklich, wenn sie an Gott als dem vollkommen Guten teilhaben. Das Böse hingegen ist gar nicht wirklich. Da Gott allmächtig ist, gibt es nichts, was er nicht tun kann. Zugleich aber ist er das vollkommen Gute, also kann er nichts Böses tun. Und daraus folgt schließlich, dass es gar nichts Böses gibt, sonst hätte Gott es ja geschaffen. Das Böse ist also nur ein Mangel, ein Nichts. Böse Menschen verdienen keinen Hass, sondern Mitleid. Eigentlich sind sie gar keine Menschen mehr. Die göttliche Vorsehung lenkt eigentlich alles zum Guten: Vermeintliches Unglück nützt uns sogar mehr als ein angeblich günstiges Schicksal. Ein weiser Mensch hadert deshalb nicht mit seinem Los, sondern versucht, daraus zu lernen. Das erfordert allerdings die Freiheit des Willens. Aber wie können wir frei sein, wenn Gott alles im Voraus weiß? Das Vorwissen Gottes zerstört nicht die menschliche Freiheit, behauptet Boethius. Die Notwendigkeit liegt nicht in den menschlichen Handlungen, sondern vielmehr im göttlichen Wissen. Als allwissendes Wesen weiß Gott eben, wozu sich Menschen frei entscheiden werden, er schaut das »Zukünftige als Gegenwärtiges«. Und da Gott weiß, was die Menschen tun werden, muss das auch geschehen. Das Schicksal führt letztlich den göttlichen Plan aus – und lenkt alles zum Guten, auch wenn es uns nicht so erscheint. Die Guten werden belohnt, die Schlechten bestraft oder gebessert. Was auch immer das Schicksal verhängt hat: »Es steht fest, dass es gerecht oder nützlich ist.«

Zum Weiterlesen:
Boethius, *Trost der Philosophie*,
Frankfurt am Main 1997.

Nichts, was man fürchten müsste?

Der Tod ist ein Übel. Doch ewiges Leben auch

Den Tod müssen wir nicht fürchten, meinte der römische Dichter und Philosoph Lukrez. Schließlich gibt es dann ja auch kein Ich mehr, das sein eigenes Ende betrauern könnte. Als Materialist und Anhänger Epikurs glaubte Lukrez an die Sterblichkeit der Seele. Tot zu sein – das bedeutet für Lukrez nichts anderes, als niemals geboren worden zu sein: »Nichts also geht der Tod uns an, und er bedeutet uns gar nichts, da ja der Seele Natur sich als sterblich uns erwiesen.«

Doch sehr überzeugend ist dieses Argument nicht. Schließlich beraubt uns der Tod doch all des Guten, das uns im Leben widerfährt. Die Kinder, der Partner, unsere Interessen – all die schönen Dinge, die wir noch hätten tun können. Nach Lukrez kann der eigene Tod kein Verlust für uns sein, da wir ja nicht mehr darüber klagen können. Doch genauso könnte man argumentieren, dass ein Betrug nur dann ein Betrug sei, wenn der Betrogene ihn bemerke, meinte einmal der amerikanische Philosoph Thomas Nagel: Was ich nicht weiß, kann mich auch nicht verletzen. Aber Betrug bleibt Betrug – auch dann, wenn ich nichts davon mitbekomme. Der Tod betrügt uns eben um all die Möglichkeiten, die wir im Falle unseres Weiterlebens noch realisieren könnten. So betrachtet, kann Lukrez' Argument, dass es letztlich keine Rolle spiele, wie lange wir leben, nicht stimmen. Ein längeres Leben, in dem wir unsere Ziele und Wünsche verwirklichen können, sei einem allzu kurzen Leben vorzuziehen, in dem uns all das verwehrt bleibt, meint der britische Moralphilosoph Bernard Williams. Wenn wir aber einen Wunsch haben, dann wünschen wir uns auch einen Zustand, in dem wir das bekommen, was wir uns wünschen. Wenn Sie den Wunsch habe, eine Weltreise zu machen, dann wünschen Sie sich, dass Sie die Reise tatsächlich antreten können. Und das können Sie nicht, wenn Sie kein Geld haben, krank sind – oder eben tot. Bei vielen Wünschen gehen wir offenbar von der Annahme aus, dass wir weiterleben. Sonst hätte ein solcher Wunsch auch gar keinen Sinn: Wenn Sie davon ausgehen, dass Sie Ihre Weltreise gar nicht mehr machen können – warum sollten Sie sich die Reise dann wünschen? Viele unserer Wünsche haben wir unter der Annahme, dass wir weiterexistieren. Doch offenbar nicht alle. Angenommen, jemand erwägt, Selbstmord zu begehen. Ganz rational überlegt er, was ihm ein Weiterleben noch zu bieten hätte. Am Ende verwirft er sein Vorhaben. Irgendein Wunsch hat ihn dazu gebracht, seine Weiterexistenz dem Selbstmord vorzuziehen. Zumindest dieser Wunsch hängt also nicht von der Annahme seines Weiterlebens ab. Schließlich liefert er ihm ja erst den Grund dafür, überhaupt weiterleben zu wollen. Das ist natürlich eine Extremsituation. Doch nach Williams haben wir viele solcher bedingungslosen oder »kategorischen« Wünsche. Eine liebende Mutter etwa wünscht, dass es ihrem Kind gut geht. Diesen Wunsch hat sie nicht nur unter der Bedingung, dass sie weiterlebt. Vielmehr liefert ihr der Wunsch einen bedeutsamen Grund, weiter leben zu wollen. Denn nur wenn sie weiterlebt, kann sie sich um das Kind kümmern. Nach Williams sind es solche kategorischen Wünsche, die unserem Leben einem Sinn verleihen. Solange wir unerfüllte kategorische Wünsche haben, solange haben wir auch Gründe, weiter am Leben zu bleiben. Der Tod ist also nicht deshalb ein Übel, weil er uns der Möglichkeit weiterer schöner Erfahrungen beraubt – sondern weil er uns daran hindert, unsere kategorischen Wünsche zu realisieren. Daraus folgt für Williams aber nicht, dass wir die Unsterblichkeit anstreben sollten. Das ewige Leben, so behauptet Williams, wäre unlebbar. Denn irgendwann hätten wir eben keine kategorischen Wünsche mehr, unser Leben wäre sinnlos und sterbenslangweilig. Wir hätten schlicht genug von uns selbst – und also allen Grund, uns den Tod zu wünschen.

Zum Weiterlesen:
Bernard Williams, *Probleme des Selbst. Philosophische Aufsätze 1956–1972*, Stuttgart 1978.

Nicht zu verwechseln

Lieben wir Menschen, weil sie liebenswert sind?
Oder finden wir sie liebenswert, weil wir sie lieben?

Verwechslungen können tragisch sein – aber auch hinreißend komisch. Sind sie beides zugleich, steckt dahinter oft ein philosophisches Problem, wie die folgende Geschichte zeigt. Alkmene, die Tochter des Königs von Mykene, wartet auf die Rückkehr ihres Manns Amphitryon von einem Feldzug. Eines Nachts schleicht sich Zeus in der Gestalt Amphitryons in ihre Gemächer – und verführt die treue Alkmene, die den Göttervater für ihren Mann hält. Am nächsten Tag kehrt der echte Amphitryon zurück und schläft mit seiner Frau. Da fliegt die Affäre natürlich auf: Der Gatte fühlt sich betrogen, und seine Frau ist verwirrt. Für sie war der Mann, der sie verführt hat, schließlich Amphitryon. Schließlich sah er genauso aus und verhielt sich auch so wie ihr Mann. Das führt zu einem alten philosophischen Problem, das schon Platon beschäftigte: Lieben wir Menschen, weil sie liebenswert sind? Oder finden wir sie liebenswert, weil wir sie lieben? Angenommen, Alkmene liebte Amphitryon wegen bestimmter Eigenschaften. Nun hatte der getarnte Zeus genau die gleichen Eigenschaften wie ihr Mann. Also war es aus Alkmenes Sicht offenbar rational, mit Zeus zu schlafen, da sie ihn ja für ihren Mann hielt. Aber das führt zu einem Paradox. Denn wenn ich jemanden wegen seiner Eigenschaften liebe, dann müsste ich eigentlich auch jeden lieben, der die gleichen Eigenschaften hat. Und das wäre ein gutes Argument für ein promiskuitives Leben. Umgekehrt: Wenn ich jemanden nicht wegen seiner Eigenschaften liebe, dann habe ich offenbar gar keinen Grund, ihn zu lieben – meine Liebe wäre also irrational. Doch es gibt einen Ausweg aus dem Dilemma. Dazu muss man zwischen Ursache und Erklärung unterscheiden. Die Eigenschaften von Amphitryon erklären, warum Alkmene ihn liebt. Aber die Ursache ihrer Liebe ist Amphitryon selbst. Obwohl sie also ihn mit Zeus verwechselte, war er die Ursache, warum sie mit Zeus ins Bett stieg. Das heißt natürlich nicht, dass wir nicht mehrere Menschen zugleich lieben können. Aber wir können offenbar nicht alle Menschen lieben, die zufällig die gleichen Eigenschaften haben – und wäre der Gedanke noch so verführerisch.

Zum Weiterlesen:
Ronald de Sousa, *Die Rationalität des Gefühls*, Frankfurt am Main 2009.

Wollen Sie, was Sie tun?

Warum wir dazu bestimmt sind, an den freien Willen zu glauben

Stellen Sie sich vor, Sie sitzen in einem Restaurant und überlegen, ob Sie ein Schnitzel essen sollen – oder doch lieber einen Salat. Nach einigem Überlegen bestellen Sie das Schnitzel. Später packt Sie die Reue: »Ich hätte doch lieber den Salat nehmen sollen.« Als Sie im Restaurant waren, hatten Sie unter den gegebenen Umständen durchaus die Möglichkeit, den Salat zu bestellen. Niemand hat Sie daran gehindert. Dass Sie das Schnitzel bestellt haben, war offenbar Ihre freie Entscheidung. Aber stimmt das auch? Sind unsere Entscheidungen wirklich frei – oder sind sie vorherbestimmt? Das ist das berühmte Problem des freien Willens. Deterministen glauben, dass alle Ereignisse kausal determiniert sind – ob durch Gott, die Naturgesetze oder psychologische und soziale Faktoren. Jede Handlung oder Entscheidung folgt demnach notwendig aus vorangegangenen Ursachen. Die Zukunft ist also genau so festgelegt wie die Vergangenheit. Das heißt allerdings nicht, dass ein Ereignis zwangsläufig eintreten muss. Aber es bedeutet, dass das Ereignis eintreten muss, wenn ihm bestimmte Ereignisse vorangegangen sind. Das führt allerdings zu einem Problem. Als Sie im Restaurant vor der Wahl standen, das Schnitzel oder den Salat zu bestellen, dachten Sie offenbar, dass Ihnen beide Optionen offenstanden: Sie konnten ja eine davon wählen. Aus deterministischer Sicht gibt es aber nur eine Option. Ihre Entscheidung für das Schnitzel ist vorbestimmt, sie folgt aus einer Kette früherer Ereignisse: Sie hatten immer schon eine Vorliebe für Schnitzel, Sie sind an jenem Abend in das Restaurant gegangen, es gab Schnitzel auf der Karte, Sie hatten großen Hunger, plötzliche Lust auf ein Schnitzel, dachten nicht an Ihre Diät und so weiter. Unter all diesen Bedingungen, sagt der Determinist, mussten Sie tatsächlich das Schnitzel bestellen – und zwar unausweichlich. Vermutlich sträuben Sie sich gegen diesen Gedanken und sagen: »Aber unter den gleichen Bedingungen hätte ich doch auch den Salat bestellen können. Ich hatte ja die Wahl.« Aber nun gibt es ein Problem. Angenommen, Sie hätten sich unter exakt gleichen Vorbedingungen für den Salat entschieden. Dann hätten offenbar alle Ihre Gedanken, Wünsche und Motive, die Sie eigentlich dazu brachten, das Schnitzel zu bevorzugen, am Ende dazu geführt, dass Sie doch den Salat bestellten. Und das wäre irgendwie irrational. Denn auf welcher Grundlage hätten Sie dann entschieden? Und was hätte diese Entscheidung überhaupt mit Ihnen zu tun?

Jede Handlung, jede Entscheidung hat offenbar ihre Vorgeschichte, und sie unterliegt bestimmten Bedingungen. Sogenannte Kompatibilisten glauben, dass Willensfreiheit und Determinismus vereinbar sind. Aus dieser Sicht sind unsere Handlungen zwar kausal determiniert wie alles andere auch. Unter den gegebenen Umständen hatten Sie vielleicht tatsächlich keine andere Wahl, als das Schnitzel zu bestellen. Aber wenn Sie davor andere Gedanken oder Wünsche gehabt hätten, wenn Sie etwa beschlossen hätten, sich gesunder zu ernähren, dann hätten Sie auch den Salat nehmen können. Mit anderen Worten: Sie hätten anders handeln können, wenn Sie es nur gewollt hätten. Aber da Sie es nicht wollten, mussten Sie zwangsläufig das Schnitzel nehmen. So richtig überzeugend ist diese »Lösung« für das Problem des freien Willens nicht. Denn die entscheidenden Fragen bleiben unbeantwortet: Hängen alle unsere Handlungen letztlich von kausal hinreichenden Bedingungen ab – so wie ein Stein durch die Schwerkraft zwangsläufig zu Boden fällt? Und sind wir womöglich determiniert durch neuronale Zustände, wie manche Hirnforscher glauben? Ist der freie Wille also nichts als eine Illusion? Selbst wenn wir keinen freien Willen hätten, so müssten wir ihn doch voraussetzen. Sonst könnten wir gar nicht entscheiden und handeln. Stellen Sie sich vor, Sie sitzen erneut im Restaurant und stehen wieder vor der Entscheidung, was Sie bestellen. Offenbar können Sie nicht einfach sagen: »Ich bin Determinist. Warten wir doch einfach, was passiert.«

Den Tod überdauern

Ein philosophisches Argument für das Weiterleben nach dem Tod – und ganz ohne Unsterblichkeit der Seele

Wir können den eigenen Tod überleben, behauptet der amerikanische Philosoph Mark Johnston. Und zwar nicht, weil die Seele unsterblich wäre – sondern gerade, weil sie es nicht ist. Nach Johnston sind wir proteische, also wandelbare Wesen. Unsere Vorstellung von einem dauerhaften Selbst beruht auf einer Illusion. In Wahrheit wissen wir gar nicht, ob wir morgen noch der Gleiche sind wie heute. Daraus folgt allerdings, dass wir unser zukünftiges Selbst gar nicht heranziehen können, um unsere Handlungen zu rechtfertigen. Ohne ein dauerhaftes Selbst, ohne eine »Seele« verliert aber der Tod seinen Schrecken. Denn warum soll ich mich egozentrisch um meine Weiterexistenz sorgen, wenn es sich bei diesem Menschen gar nicht um *mich* handelt? Als wandelbare Wesen haben wir dann aber eine reale Chance, durch den eigenen Tod »hindurchzusehen«: Wir können uns nämlich heute schon mit den zukünftigen Interessen anderer Menschen identifizieren, statt mit unserem zweifelhaften Selbst. Johnston erläutert das mit einem Gedankenexperiment. Angenommen, es gibt ein Volk, das sich mit Hilfe von Teletransportation fortbewegt. Diese »Teletransporter« wissen, dass die Maschinen ihre Körper erst zerstören und dann exakte Kopien herstellen. Und sie glauben auch nicht daran, dass ihr Bewusstsein »gebeamt« wird. Allerdings besitzen sie die Fähigkeit, sich mit ihren zukünftigen Kopien vollkommen zu identifizieren: Die Teletransportation ist für sie einfach nur eine Art der schnellen Fortbewegung. Ein anderes Volk, die Menschen, sieht es ganz anders. Sie halten Transportation für Selbstmord. Aber nun stellen wir uns vor, die Menschen könnten durch gezieltes Training lernen, sich mit ihren zukünftigen Kopien genauso zu identifizieren wie die Teletransporter. Dann würden auch sie die Teletransportation »überleben«. Analog dazu können sich Altruisten, die sich am Wohl anderer orientieren, sozusagen neu verkörpern. Einem wirklich guten Menschen kann also der Tod nichts anhaben. Er nimmt einfach nur eine neue Identität an. Nicht unsere Persönlichkeit existiert also fort, sondern unsere proteische Person. Der Preis ist allerdings, dass wir unsere Vorstellung eines »Selbst« aufgeben müssen, wie es etwa auch die Buddhisten tun. Für viele Menschen im Westen ist das kein ganz einfacher Gedanke. Aber wenn Johnston recht hat, dann liegt unsere fernere Zukunft nicht im Himmel, sondern hier auf Erden: Wir gehen auf im »Vorwärtsdrang der Menschheit«.

Zum Weiterlesen:

Mark Johnston, *Surviving Death*, Princeton (NJ) 2011.

Vertrauen

Vertrauen erleichtert uns vieles.
Aber was heißt es überhaupt, jemandem zu vertrauen?

Stellen Sie sich vor, Sie engagieren einen Babysitter für Ihr Kind. Natürlich haben Sie vollstes Vertrauen, dass die Person Ihr Kind gut behandelt. Beruhigt gehen Sie also ins Kino. Aber worauf beruht Ihr Vertrauen eigentlich? Und warum halten Sie ausgerechnet Ihren Babysitter, den Sie noch nie zuvor gesehen haben, für eine vertrauenswürdige Person?

Vertrauen heißt, ein Risiko einzugehen. Wer einem anderen vertraut, macht sich angreifbar. Man verzichtet darauf, den anderen zu überwachen. Man räumt ihm einen Spielraum ein. Der andere kann diesen Spielraum missbrauchen, doch ich bin zuversichtlich, dass er das nicht tun wird. Wenn ich Ihnen mein Kind anvertraue, dann vertraue ich darauf, dass Sie keine Party mit Ihren Freunden feiern. In Freundschaften und Beziehungen scheint uns Vertrauen selbstverständlich. Aber wie können wir Fremden vertrauen? Wenn ich Ihnen vertraue, dann weiß ich eben nicht, was Sie tun werden. Könnte ich Ihr Verhalten vorausberechnen, müsste ich Ihnen nicht vertrauen. Der Soziologe Georg Simmel definierte Vertrauen einmal als Zustand zwischen Wissen und Nichtwissen: »Der völlig Wissende braucht nicht zu vertrauen, der völlig Nichtwissende kann nicht einmal vertrauen.« Vertrauen bedeutet offenbar etwas anderes, als sich auf jemanden zu verlassen. Verlassen kann ich mich darauf, dass die Sonne aufgeht, der Motor anspringt oder Menschen das tun, was sie immer tun. Wer sich auf jemanden verlässt, kann vielleicht enttäuscht, aber nicht verraten werden. Wenn wir einer Person vertrauen, sehen wir sie in einem bestimmten Licht. Wir denken gut über sie und sind zuversichtlich, dass sie fähig und willens ist, das zu tun, was wir von ihr erwarten. Wenn wir den anderen in dieser Hinsicht für unfähig oder inkompetent halten, können wir ihm offenbar auch nicht vertrauen. Von einem medizinischen Laien würde man sich auch dann nicht operieren lassen, wenn wir von seinen besten Absichten überzeugt wären. Doch Vertrauen ist offenbar kein geistiger Zustand, wie etwa eine Überzeugung oder ein Wunsch. Wer einen guten Freund bei sich übernachten lässt, »vertraut« nicht darauf, dass er von diesem nicht umgebracht wird. Vielmehr zieht er die Möglichkeit gar nicht in Betracht. Offenbar können wir nicht einfach willentlich vertrauen. Entweder man vertraut oder eben nicht. Die Aufforderung »Vertrau mir doch« geht deshalb oft ins Leere. Wer betrogen worden ist, kann immer zurückfragen: »Warum sollte ich?« Vertrauen und Rationalität stehen offenbar in einem Spannungsverhältnis. Schließlich bedeutet Vertrauen immer, ein Risiko einzugehen. Dieses Risiko kann man nicht einfach durch rationale Überlegung ausschalten. Das würde ja bedeuten, dass man gar nicht wirklich vertraut. Zugleich macht Vertrauen aber auch resistent gegen Indizien, die das Vertrauen erschüttern könnten. Wenn Sie morgen erfahren, dass ein guter Freund ein schweres Verbrechen begangen haben soll, dann werden Sie das zunächst einmal nicht glauben – auch wenn die Beweise erdrückend sind. Offenbar vertrauen wir nur jemandem, den wir für vertrauenswürdig halten. Vertrauenswürdige Menschen handeln aus gutem Willen. Ein solches »Wohlwollen« ist aber nicht immer notwendig. Schließlich kann ich darauf vertrauen, dass sich jemand mir gegenüber anständig verhält, weil ich annehme, dass er allgemeine Regeln der Höflichkeit befolgt. Einige Philosophen glauben, dass Vertrauen auf einer Art Vertragsbeziehung beruht: Der Vertrauensgeber verlässt sich darauf, dass der andere im Falle eines Vertrauensbruchs Sanktionen fürchtet. Wer einen Handwerker beschäftigt, vertraut sicherlich darauf, dass dieser keine Bombe in der Wohnung versteckt – obwohl das gar nicht Teil der Abmachung ist, die Sie mit ihm getroffen haben. Und einen notorischen Gewalttäter, der nur aus Furcht vor weiterer Bestrafung keine Gewalttaten mehr begeht, halten wir im Allgemeinen nicht für eine vertrauenswürdige Person. Vertrauenswürdigkeit bedeutet also offenbar mehr, als bloß ein Versprechen oder eine Vertragspflicht zu erfüllen. Einige Philosophen glauben sogar, dass eine solche Sicht das Wesen von Vertrauensbeziehungen überhaupt verfehlt. Schließlich könnte jemand sein Versprechen einhalten, zum Abendessen pünktlich zu kommen. Wenn er dafür aber unterwegs ein Auto klaut, werden Sie ihm vermutlich nicht wieder vertrauen. Eine moralisch akzeptable Vertrauensbeziehung kann auch nicht auf Drohungen oder Vertuschung beruhen, meint die amerikanische Moralphilosophin Annette Baier. In wirklichen Vertrauensbeziehungen, so meint sie, müssen beide Partner einander die Gründe für ihr Vertrauen anvertrauen können, ohne dass das die Vertrauensbeziehung als solche gefährdet. Und das wäre sicherlich der Fall in Vertrauensbeziehungen, die nur auf der Angst vor der Rache des anderen gründen. Nach der Rational-choice-Theorie bedeutet Vertrauen, dass beide Seiten damit rechnen können, dass es im Interesse des anderen liegt, das Vertrauen zu erfüllen. Auf die tatsächlichen Motive kommt es nicht an. Aber eine derart kühle Rechnung wird dem Wesen von Vertrauensbeziehungen schwerlich gerecht. Wenn ich weiß, dass Sie nur deshalb auf mein Kind aufpassen, weil Sie morgen mein Auto haben wollen, werde ich eher misstrauisch sein. Vertrauen hat letztlich doch eine moralische Dimension. Selbst naives Vertrauen rechtfertigt nicht, es zu brechen. Und wer Vertrauen nur aus Pflicht erfüllt, verfehlt das Wesen vertrauensvoller Beziehungen. Darin ähnelt das Vertrauen der Liebe. Beides heißt, ein Risiko einzugehen – und verwundbar zu sein.

Zum Weiterlesen:
Martin Hartmann, *Die Praxis des Vertrauens*,
Berlin 2011.

Achtung fürs Gesetz

Der kategorische Imperativ fordert uns auf, einen unparteiischen Standpunkt einzunehmen. Aber warum sollten wir das tun?

Nichts in der Welt ist gut – außer ein guter Wille. Das behauptet Immanuel Kant in seiner *Grundlegung zur Metaphysik der Sitten*. Fragt sich nur: Was ist ein guter Wille? Sicher können wir jemandem Gutes tun, weil wir Mitgefühl empfinden, weil wir ihn sympathisch finden – oder einfach unser Gewissen beruhigen wollen. Hauptsache, wir tun Gutes, so könnten wir denken. Wer so handelt, der folgt seinen »Neigungen«, sagt Kant. Doch Neigungen unterscheiden sich von Mensch zu Mensch, für Kant beruhen sie letztlich auf natürlichen Trieben, nicht anders als bei Tieren. Moralisch wertvoll und frei ist eine Handlung nur dann, wenn sie von unseren Neigungen, von unseren Emotionen und moralischen Gefühlen unabhängig ist – wenn ich also etwa jemandem helfe, auch wenn ich keine Lust dazu verspüre: Ein wahrhaft moralischer Mensch handelt nicht aus Neigung, sondern aus Pflicht – »aus Achtung fürs Gesetz«. Aber welches Gesetz könnte das sein? Und warum überhaupt ein Gesetz?

Nach Kant sind Menschen essentiell vernünftige Wesen. Als rationale Wesen haben wir die Fähigkeit, unseren blinden Antrieben zu widerstehen – und nach Prinzipien zu handeln, die wir uns selber geben. In dieser Fähigkeit zur Selbstbestimmung liegt unsere Freiheit. Die Frage ist nun, ob es etwas gibt, das wir als Vernunftwesen notwendigerweise wollen müssen. Als Vernunftwesen müssen wir erkennen, dass wir nur Akteure unter anderen sind. Wir müssen also hinter unseren eigenen Wünschen und Interessen zurücktreten und einen unparteiischen Standpunkt einnehmen – als wären wir Gesetzgeber eines fiktiven Gemeinwesens, dessen Gesetzen wir selbst unterworfen sind. Das »Gesetz«, nach dem wir suchen, kann also nicht bloß unsere eigenen Interessen widerspiegeln. Es muss vielmehr ein Gesetz sein, von dem wir vernünftigerweise annehmen können, dass es auch andere akzeptieren werden. Das Kriterium, welcher moralischen Regel wir folgen sollen, ist also kein bestimmter Zweck – sondern deren universelle Anwendbarkeit. Das ist letztlich Kants berühmter kategorischer Imperativ: »Handle nur nach derjenigen Maxime, von der du zugleich wollen kannst, dass sie ein allgemeines Gesetz werde.« Angenommen, jemand leiht sich von seinem Freund Geld und verspricht, es zurückzuzahlen, obwohl er weiß, dass er seine Schulden nicht zurückzahlen kann. Diese Person gibt also ein falsches Versprechen ab. Nach Kant müsste sie sich allerdings fragen: Kann ich wollen, dass alle falsche Versprechen abgeben? Die Konsequenz wäre, dass keiner mehr glauben würde, was ihm jemand verspricht. Das würde die Institution des Versprechens unterminieren – und letztlich auch dem Versprechensgeber selbst schaden. Eine vernünftige Person kann das nicht wollen, folglich darf sie keine falschen Versprechen abgeben – egal welche Ziele sie damit verfolgt. Doch Kants Position führt zu schwer vertretbaren Konsequenzen. Ein Beispiel ist die Frage der Notlüge. Ein guter Freund, der fürchtet, ermordet zu werden, flüchtet sich in Ihr Haus. Plötzlich steht der Mörder vor der Tür und fragt Sie, ob Ihr Freund da ist: ja oder nein? Nach Kant dürfen Sie auch in dieser Situation nicht lügen. Aber wie kann Kant die »formelle Pflicht« der Wahrhaftigkeit über die Rettung eines Menschenlebens stellen? In einer Notwehrsituation ist es ja sogar erlaubt, einen Menschen zu töten – warum sollte man dann nicht lügen dürfen? Kant nimmt dabei an, dass wir keiner Regel zustimmen können, deren Anwendung uns selbst Schaden zufügen würde. Aber diese Annahme ist offenbar in keiner Weise zwingend. Offenbar kann man moralisch höchst problematische Regeln aufstellen, die mit dem kategorischen Imperativ durchaus verträglich sind. Nehmen Sie zum Beispiel die folgende Regel: »Alle Neugeborenen mit schweren Behinderungen sollen getötet werden.« Ein Kantianer müsste eine solche Regel mit folgender Begründung ablehnen: Wenn ich selbst ein behindertes Neugeborenes wäre, würde ich damit meinen eigenen Tod beschließen – und das wäre irrational. Aber natürlich könnte ich, wenn ich mich in die Situation eines solchen Neugeborenen versetze, tatsächlich meinen eigenen Tod wünschen, das wäre zumindest nicht inkonsistent. Der kategorische Imperativ lehrt zwar, die Interessen anderer zu achten. Aber offenbar ist er kein guter »Filter«, um moralisch problematische Handlungen zuverlässig auszusortieren. Selbst ein Nazi oder Rassist könnte sich mit dem kategorischen Imperativ arrangieren. Unmenschliches Verhalten ist eben nicht zwangsläufig irrational. So könnte jemand auch einer Regel zustimmen, deren Anwendung letztlich seinen eigenen Tod bedeutet – etwa weil er glaubt, dass es Dinge gibt, die schlimmer sind als sein Tod. Moralisches Handeln beruht offenbar nicht einfach auf dem kategorischen Imperativ. Ein »guter Wille« ist mehr als bloß kühle Vernunft.

Zum Weiterlesen:
Immanuel Kant, *Grundlegung zur Metaphysik der Sitten*, kommentiert von Christoph Horn, Corinna Mieth und Nico Scarano, Frankfurt am Main 2007.

Interne Gründe

Hängen Gründe nur von unseren Wünschen ab?

Angenommen, Sie wollen sich einen Gin Tonic zubereiten. Vor Ihnen steht eine Flasche, von der Sie fälschlicherweise glauben, dass Gin darin ist. In Wahrheit enthält sie jedoch Spiritus. Haben Sie einen Grund, diese Flüssigkeit trotzdem zu trinken? Einerseits haben Sie natürlich keinen Grund, obwohl Sie glauben, Sie hätten einen. Andererseits: Wenn Sie tatsächlich aus der Flasche trinken, dann gibt es dafür offenbar eine Erklärung. Sie wollten nun mal einen Gin Tonic trinken.

Die Situation ist eigentlich recht simpel: Weder haben Sie ein Motiv, Spiritus zu trinken, noch haben Sie ein Motiv, nicht aus der Flasche zu trinken, die vor Ihnen auf dem Tisch steht. Aber Sie hätten ein Motiv, nicht daraus zu trinken, wenn Sie wüssten, dass Spiritus darin enthalten ist. Mit anderen Worten: Wenn Sie aus der Flasche Spiritus trinken, irren Sie sich über Ihre Gründe, warum Sie das tun.

Der Satz »Jemand hat einen Grund, X zu tun« lässt sich nach Bernard Williams auf zwei Arten interpretieren. Einerseits bedeutet er, dass jemand ein Motiv hat, dem dadurch gedient ist, dass er X tut. Und wenn er kein solches Motiv hat, dann hat er eben keinen Grund, X zu tun. Die andere Lesart wäre: Jemand hat einen Grund, X zu tun, auch wenn er kein Motiv dafür hat. Williams nennt solche Gründe »externe« Gründe. Jemand könnte Sie etwa auffordern, X zu tun, weil es der Tradition entspricht, Ihrer Karriere dienlich ist etc. Allerdings haben Sie nicht die geringste Lust, X zu tun. Ganz im Gegenteil. Angenommen, Sie tun X nun tatsächlich. Dann liefert der vermeintliche »Grund« (die Tradition, die »Karriere« usw.) offenbar keine Erklärung für Ihre Handlung. Denn eine Handlung lässt sich nur aus den Motiven des Handelnden erklären. Die Frage ist also: Liefert schon allein der Glaube, dass es einen Grund gibt, etwas zu tun, die Motivation, es tatsächlich zu tun?

Genau das bestreitet Williams. Das Problem liegt schlicht darin, eine Verbindung zwischen den eigenen Wünschen und dem äußeren Grund herzustellen. Nach Williams gibt es überhaupt nur »interne« Gründe – also Gründe, die mit Dingen zu tun haben, die uns in irgendeiner Form wichtig sind. Das führt aber zu Problemen mit unseren Moralvorstellungen: Wenn wir jemandem sagen, er solle keine Banken ausrauben, dann meinen wir damit, dass er einen »Grund« hat, Banken nicht auszurauben. Aber wenn es nur interne Handlungsgründe gibt, wie Williams behauptet, dann kann ein potentieller Bankräuber wiederum geltend machen, dass er keinen Grund dazu hat, der Forderung zu entsprechen, weil er sich einfach nicht darum kümmert, was es ihm bringen würde, keine Banken auszurauben. Das heißt allerdings nicht, dass es nicht trotzdem verboten ist!

Zum Weiterlesen:
Bernard Williams, *Moralischer Zufall. Philosophische Aufsätze 1973–1980*, Königstein/Ts. 1984.

Ohne Vorsatz

Was heißt es, etwas absichtlich zu tun?

Zwei Kletterer durchsteigen eine schwierige Wand. Da rutscht der eine plötzlich ab und stürzt einige Meter in die Tiefe, der Sichernde kann ihn gerade noch halten. Bewusstlos hängt der Gestürzte am Seil. Sein Partner überlegt verzweifelt, was er tun soll. Schließlich beschließt er, das Seil loszulassen, um sein eigenes Leben zu retten. Doch der Gedanke allein macht ihn so nervös, dass ihm das Seil plötzlich durch die Finger rutscht – und sein Partner zu Tode stürzt. Hat er den Tod seines Partners absichtlich herbeigeführt? Was ist überhaupt eine Absicht? Und welche Verbindung besteht zwischen einer Absicht und einer Handlung? Das Beispiel stammt von Donald Davidson, einem bedeutenden amerikanischen Philosophen, der selbst Kletterer war und bis ins hohe Alter auf Berge stieg. Dahinter steht ein tiefes philosophisches Rätsel. Der Kletterer hat die Absicht, das Seil loszulassen. Dann lässt er es tatsächlich los. Seine Absicht ist auch die Ursache, dass er das Seil loslässt. Und doch lässt er es unabsichtlich los. Das führt jedoch zu einem Paradox: Wie kann man etwas absichtlich und zugleich unabsichtlich tun? Es geht um die philosophische Frage, wie sich geistige Zustände – also etwa Überzeugungen, Wünsche oder eben Absichten – auf die Welt beziehen. Eine Absicht repräsentiert scheinbar eine Handlung: Wenn ich die Absicht habe, A zu tun, dann verwirkliche ich diese Absicht, indem ich A tatsächlich tue. Schon der Sprachgebrauch zeigt allerdings, dass die Sache nicht so einfach ist. Schließlich reden wir ständig davon, dass wir irgendetwas »unabsichtlich« getan haben. Die Frage ist nur, was genau wir damit meinen. In vielen Fällen ist es einfach: Wenn jemand stolpert und dadurch einen anderen vor die U-Bahn stößt, hat er das offenbar nicht absichtlich getan. Schwieriger wird es schon, wenn Sie jemanden absichtlich anrempeln – und die Person vor lauter Schreck vor die U-Bahn fällt. Immerhin hat Ihre Handlung eine Kausalkette in Gang gesetzt, die letztlich dazu geführt hat, dass die andere Person vor die U-Bahn fiel. Aber auch in diesem Fall sind die Dinge einfach nicht so gelaufen, wie Sie es beabsichtigt hatten. Aber nun nehmen Sie folgendes Beispiel. Angenommen, jemand hat die Absicht, einen anderen zu töten. Tatsächlich schießt er auf den Mann. Doch der Schuss verfehlt das Ziel und schreckt ein Rudel Wildschweine auf, die das beabsichtigte Opfer zu Tode trampeln. Immerhin hat er also gezielt und sogar den Abzug gedrückt. Offenbar hat er also nicht bloß beabsichtigt, sein Opfer zu töten, sondern es tatsächlich versucht – und zwar mit tauglichen Mitteln. Eine Absicht zu haben, ist offenbar das eine. Etwas wirklich zu versuchen, das andere. Die Lücke dazwischen ist für den US-Philosophen John Searle das, was wir den freien Willen nennen.

Der Blick des anderen

Warum wir andere brauchen, um ganz wir selbst sein zu können

Wo wohnt das Ich? In meinem Bewusstsein, werden Sie sagen. Wenn ich denke, dann bin ich mir auch bewusst, dass ich es bin, der denkt – und niemand anderes. Aber nun stellen Sie sich vor, Sie sind gerade völlig in einem Roman versunken. Während Sie lesen, richtet sich Ihre Aufmerksamkeit auf die Handlung, auf die Figuren. Sie haben Bewusstsein von dem Buch, aber nicht von sich selbst. Sie verlieren sich in der Welt. Allerdings nicht völlig: Denn wenn man Sie fragt, was Sie gerade tun, können Sie eine Antwort geben: »Ich lese ein Buch.« Es scheint, als würden wir unser Ich immer nur »aus dem Augenwinkel« sehen, meinte Jean-Paul Sartre (1905–1980). Unser Ich wohnt offenbar nicht im Bewusstsein, sondern in der Welt. Wir erschaffen es durch unser Leben, durch unsere Handlungen und Beziehungen mit anderen Menschen. Es gibt also kein Selbst, auf das wir uns berufen können. Unser Ich ist das, was wir tun. Das erfahren wir aber erst durch die Konfrontation mit anderen. Wenn ich mich für etwas schäme, das ich getan habe, realisiere ich plötzlich, dass »ich« es war, der das getan hat. Erst der »Blick des anderen« macht uns zum Ich. Angenommen, Sie spähen durch ein Schlüsselloch. Ihre Aufmerksamkeit konzentriert sich ganz auf das Geschehen hinter der Tür. Plötzlich hören Sie Schritte im Flur. Jemand beobachtet Sie. Mit einem Schlag werden Sie sich bewusst, dass Sie es sind, der an der Tür lauscht. Nach Sartre gibt es für Ihre Handlung keine Entschuldigung. Was auch immer wir tun: wir sind selbst dafür verantwortlich – und nicht ein ominöses Ich, das in uns wohnt.

Zum Weiterlesen:
Jean-Paul Sartre, *Die Transzendenz des Ego. Philosophische Essays 1931–1939*, Reinbek bei Hamburg 1997.

Wollen Sie, was Sie wollen?

Warum es nicht genügt, etwas zu wollen. Man muss es auch wollen wollen

Wollen kann man vieles – und auf vielerlei Arten. Man kann eine vage Neigung verspüren. Vielleicht ist es auch ein lange gehegter Wunsch oder ein plötzliches, heftiges Verlangen. Ein Wunsch kann völlig Besitz von uns ergreifen. Es kann aber auch bloß einer von vielen sein, und vielleicht gar nicht der größte. Jemand könnte etwas wollen, ohne sich dessen bewusst zu sein. Und manchmal wollen wir auch etwas, obwohl wir glauben, dass wir etwas ganz anderes wollen: »Ich will das Fußballspiel sehen. Aber eigentlich will ich mich auch auf meine Arbeit konzentrieren.« Etwas zu wollen: Das ist also noch nicht allzu viel. Wollen können wir alles Mögliche. Die Frage ist nur, ob wir das, was wir wollen, auch tatsächlich wollen. Zum Beispiel will ich mir gerade eine Zigarette anzünden. Aber kann ich mich mit diesem Wunsch auch identifizieren? Der amerikanische Philosoph Harry Frankfurt unterschied zwischen Wünschen erster und zweiter Ordnung. Mein Wunsch, mir eine Zigarette anzuzünden, ist ein Wunsch erster Ordnung. Nun kann ich mir allerdings überlegen, ob ich tatsächlich »wollen will«, dass ich mir eine Zigarette anzünde – ob ich mich also mit meinem Wunsch auch identifizieren kann. Das führt zu meinem »Wunsch zweiter Ordnung«. Zwischen Wünschen erster und zweiter Ordnung gibt es offenbar einen großen Unterschied. So kann ich den Wunsch haben, mir eine Zigarette anzuzünden – und es trotzdem vorziehen, etwas ganz anderes zu tun. Wenn ich mich mit diesem Wunsch hingegen wirklich identifizieren kann, habe ich offenbar ein starkes Motiv, die Zigarette anzuzünden: Ich bin also mit mir darüber eins, dass ich die Zigarette tatsächlich anzünden will. Das heißt zwar noch immer nicht, dass ich sie auch tatsächlich anzünden werde. Aber wenn ich sie anzünde, dann will ich es offenbar wirklich. Auch Tiere können tun, was sie wollen. Aber es fehlt ihnen die Fähigkeit, »Wünsche zweiter Ordnung« zu bilden – also die Fähigkeit zu reflektieren, ob sie das, was sie wollen, auch wirklich wollen. Wenn wir uns nur von Wünschen erster Ordnung treiben lassen, sind wir nach Frankfurt gar keine Personen, sondern *Wantons* – eine Art Lüstlinge, die einfach nur ihren augenblicklichen Begierden folgen. Frei sind wir nach Frankfurt dann, wenn wir genau das tun, was wir auch wirklich tun wollen – wenn unsere Wünsche erster und zweiter Ordnung also in Einklang miteinander stehen. Auch wir Menschen erliegen immer wieder unseren Wünschen erster Ordnung. Einerseits will ich meine Zigarette rauchen. Andererseits will ich von meiner Sucht loskommen. Mein »Wunsch zweiter Ordnung« setzt sich jedoch nicht durch. Offenbar habe ich nicht den Willen, den ich haben will – und insofern ist mein Wille auch nicht frei. Ein *Wanton* hat dieses Problem jedoch nicht. Er macht ohnehin nur, was er will – ob er will oder nicht.

Allein mir fehlt der Wille

Warum Willensschwäche irrational ist – und uns doch manchmal weiterhilft

Angenommen, Sie fassen den Entschluss, in den nächsten Stunden Ihre Steuererklärung zu machen. Sie haben sich alles reiflich überlegt und sind zu der Überzeugung gelangt, dass es für Sie am besten wäre, die Sache jetzt hinter sich zu bringen. Doch plötzlich verspüren Sie den dringenden Wunsch, den Fernseher anzumachen – und Sie verschieben die Steuererklärung auf morgen. Für manche Philosophen wäre das ein Fall von Willensschwäche. Darunter verstehen Philosophen die Disposition, gegen das eigene wohlüberlegte Urteil zu handeln, also gegen das Urteil, was zu tun am besten wäre. Das altgriechische Wort *akrasia* bedeutet eigentlich Mangel an Selbstbeherrschung. Der Unbeherrschte sei »vom Richtigen überzeugt und handelt doch falsch«, sagt Aristoteles in der *Nikomachischen Ethik*. Der Willensschwache lässt sich überwältigen von irrationalen Wünschen. Zugleich weiß er offenbar nicht, wie sein Urteil auf die jeweilige Situation anzuwenden ist. Unbeherrschtheit ist daher unvereinbar mit Klugheit. Der Unbeherrschte handle nicht wie ein Wissender, sondern eher wie ein Schlafender und Betrunkener – ähnlich einem Staat, in dem die »vortrefflichsten Gesetze bestehen, aber keiner sie anwendet«. Rational zu handeln heißt offenbar, auf Gründe zu reagieren. Eine Handlung ist rational, wenn sie auf Überlegung beruht. Zum anderen erwarten wir, dass sie der jeweiligen Situation angemessen ist. Wenn jemand also gegen sein »bestmögliches Urteil« handelt, verhält er sich offenbar unvernünftig: Seine Handlung beruht schließlich nicht auf der vorangegangenen Überlegung. Viele heutige Philosophen halten Willenschwäche daher für eine Art von Irrationalität. »Das Besondere an der Unbeherrschtheit ist, dass sich der Handelnde selbst nicht verstehen kann: Er erkennt in seinem eigenen absichtlichen Verhalten etwas wesentlich Vernunftwidriges«, schreibt der amerikanische Philosoph Donald Davidson. Andererseits kann die rationale Überlegung manchmal auch trügen. In manchen Situationen kann es besser sein, sich auf unser »Bauchgefühl« zu verlassen. Es könnte etwa sein, dass Ihr plötzlicher Impuls, lieber ein Stündchen fernzusehen, letztlich dazu führt, dass Sie die Steuererklärung hinterher effizienter erledigen. Das heißt allerdings noch nicht, dass Ihre Handlung, den Fernseher anzumachen, deswegen rational gerechtfertigt ist. Schließlich scheitern Sie ja gerade daran, Ihr Handeln durch Gründe selbst zu bestimmen, und geben einfach nur passiv einem Impuls nach. Natürlich unterlaufen uns solche Fälle von Willensschwäche ständig, und es kann sein, dass die Philosophen seit Aristoteles die

Sache etwas zu hoch hängen. Dennoch spricht einiges dafür, dass Sie die Steuererklärung dann erledigen, wenn sie meinen, es sei das Beste für Sie.

- **Zum Weiterlesen:**
  Donald Davidson, *Handlung und Ereignis*, Frankfurt am Main 1985.

Der Wert der Freiheit

Warum es vernünftig ist, die Freiheit zu lieben

Freiheit gilt als wertvoll, ja als hohes Gut. Aber warum eigentlich? Was ist so toll daran? Die Antwort ist gar nicht so einfach. Gewiss ist es schön, tun und lassen zu können, was man will. Aber reicht es nicht auch, glücklich und zufrieden zu sein? Warum nicht einen goldenen Käfig vorziehen, in dem man alles hat, was man braucht? Der englische Philosoph John Stuart Mill (1806–1873) hielt die Nützlichkeit für das letzte Kriterium in allen ethischen Fragen. Nach seiner Auffassung brauchen wir Freiheit, um unsere menschlichen Fähigkeiten zu entfalten. Freiheit ist also nützlich – und folglich ist es unvernünftig, sie zu unterdrücken. Denn ohne individuelle Freiheit kann sich die Zivilisation nicht weiterentwickeln. Nehmen wir das Beispiel der Meinungsfreiheit. Um die Erkenntnis voranzubringen, brauchen wir Dissens. Schließlich können wir ja nie sicher sein, dass eine scheinbar falsche Meinung wirklich falsch ist. Und selbst eine tatsächlich falsche Meinung kann helfen, die Wahrheit herauszufinden. Ohne Meinungsfreiheit sind wir also Vorurteilen und Dogmatismus ausgeliefert. Selbst wenn alle Menschen außer einem einzigen derselben Meinung wären, so schreibt Mill in seinem berühmten Essay Über die Freiheit, wären wir nicht berechtigt, die eine abweichende Meinung zu unterdrücken. Und je mehr Möglichkeiten es gibt, eine Anschauung zu widerlegen, desto größer die Gewissheit, dass sie auch tatsächlich richtig ist. Ohne Meinungsfreiheit, ohne freie Diskussion können wir nach Mill nie sicher sein, dass wir auch tatsächlich im Recht sind. Wer vermeintliche Ketzer einfach zum Schweigen bringt, beraubt sich der Möglichkeit, ihre Gedankengänge gründlich zu durchleuchten. Und selbst die wahre Lehre wird dadurch geschwächt, wenn man nicht zulässt, dass sie bekämpft werden kann. Aber genauso nützlich wie die Meinungsfreiheit ist es auch, dass Menschen ihre verschiedenen Lebensarten verwirklichen können – solange sie anderen damit nicht schaden. Unsere menschlichen Fähigkeiten können wir aber nur erproben, wenn wir eine Wahl haben. Jeder Mensch soll sein eigenes Leben führen können, sagt Mill. Die Tyrannei der Gewohnheit und Gleichmacherei stellen sich dem Fortschritt der Menschheit entgegen, und wahre Originalität und Innovation sind nur möglich in einer Atmosphäre der Freiheit. Gegen die Einmischung des Staates in die Angelegenheiten des Individuums spricht schon, dass sie mit großer Wahrscheinlichkeit am falschen Platz erfolgt. Mills berühmtes Prinzip lautet daher: Der Staat darf in die Handlungsfreiheit des Individuums nur dann eingreifen, wenn es darum geht, sich selbst zu schützen – oder Schaden für andere abzuwenden. Mills Argument ist immer noch beeindruckend, doch es hat eine Schwäche: Wer beurteilt letztlich den Nutzen der Freiheit? Und muss das, was für die ganze Menschheit nützlich ist, auch für mich nützlich sein? Vielleicht habe ich ja ganz andere Präferenzen. Vielleicht pfeife ich auf die Freiheit, wenn ich auch als unfreier Mensch reich und glücklich sein kann. Und der Staat verwehrt uns ständig bestimmte Freiheiten, ohne dass wir deshalb in Verzweiflung verfallen. Viele Bürger üben ihre Freiheitsrechte gar nicht aus. Womöglich würde es uns gar nicht schaden, wenn wir weniger Freiheit hätten. Vielleicht ist Freiheit ja gar nicht so nützlich, wie alle denken. Doch wir könnten die Frage auch anders angehen. Gibt es etwas, das wir als vernünftige Akteure wollen müssen – und zwar nicht weil es nützlich ist, sondern weil wir sonst gar nicht vernünftig handeln können? Wenn wir handeln, wollen wir ein Ergebnis erzielen. Und in der Regel wollen wir das auch durch unser eigenes Handeln erreichen – und nicht etwa durch Zufall oder göttliche Fügung. Mit anderen Worten: Wir wollen das Ergebnis selbst herbeiführen – und zwar so, wie wir es für richtig halten. Für den britischen Moralphilosophen Bernard Williams folgt daraus: Als vernünftige Wesen wollen wir Freiheit. Das heißt aber noch nicht, dass Freiheit gut ist. Offenbar kann ich auch etwas wollen, ohne zu glauben, dass es gut ist – und zwar nicht einmal für mich selbst. So könnte ich beschließen, ohne Seil die Eiger-Nordwand hochzuklettern, obwohl mir das selbst vollkommen verrückt erscheint. Um etwas für »gut« zu halten, muss ich offenbar meine Interessen berücksichtigen. Zu meinen fundamentalen Interessen gehört aber meine Freiheit, also muss ich meine Freiheit für wertvoll halten. Und wenn ich ein rationaler Akteur sein will, dann muss ich auch dagegen sein, dass andere meine Freiheit einschränken. Also könnte ich versucht sein, eine Regel aufzustellen – und zwar eine, die jeder akzeptieren muss. Nach Kant unterliegt der Gebrauch der Freiheit dem kategorischen Imperativ – also stets nach derjenigen Maxime zu handeln, von der man wollen kann, dass sie allgemeines Gesetz werde. Als rationales Wesen muss ich daher so handeln, dass meine Freiheit die Freiheit anderer nicht einschränkt. Denn gäbe es ein allgemeines Gesetz, dass jeder die Freiheit des anderen einschränken darf, dann könnte man letztlich auch meine eigene Freiheit einschränken – und genau das kann ich als als rationales Wesen nicht wollen. Ich nehme also gleichsam einen unparteiischen Standpunkt ein: Als vernünftiges Wesen muss ich zum Schluss kommen, dass Freiheit per se wertvoll ist – und nicht speziell meine eigene. Die Frage ist nur: Warum sollte ich diesen »unparteiischen« Standpunkt einnehmen? Braucht es wirklich solche ethischen Überlegungen, um den Wert der Freiheit zu begründen? Als rationales Wesen muss ich meine Freiheit für wertvoll halten.

Aber nicht, weil Freiheit objektiv nützlich oder moralisch wertvoll wäre, sondern weil ich nur vernünftig handeln kann, wenn ich frei bin. Und die Freiheit der anderen zu achten ist demnach nicht eine Frage moralischer Regeln, sondern eine des Respekts für die Person.

Das Glück der Philosophen

Die Frage ist fast so alt wie die Philosophie:
Liegt das Glück außerhalb oder innerhalb von uns selbst?
Und was hat es mit Backgammon zu tun?

»Welches Wesen begehrt nicht das Glück?«, fragte sich schon Sokrates: »Und wenn alle das Glück begehren, wie können wir es dann erreichen?« Wir stellen diese Fragen heute genauso wie zu Zeiten des Sokrates. Und heute wie damals fragen wir uns: Kommt das Glück von außen – durch Reichtum, Arbeit und Liebe? Oder liegt das wahre Glück ganz in uns selbst? Ist das Glück überhaupt ein Ziel, an dem man sich orientieren kann? Schon Aristoteles hielt die Glückseligkeit für das höchste Gut. Alles andere erstreben wir, um irgendwelche Zwecke zu erreichen. Nur das Glück suchen wir um seiner selbst willen. Aristoteles fand eine Reihe von Faktoren, die das Glück offenbar günstig beeinflussen – von Wohlstand über Familie bis zur Freundschaft. Die Tugend allein macht uns nicht glücklich, schließlich kann auch dem tugendhaftesten Menschen furchtbares Leid widerfahren. Aber durch ein tugendhaftes Leben können wir wenigstens unsere Chancen verbessern. Die Epikureer und Stoiker sahen den Weg zum Glück im Triebverzicht. Glücklich sein können wir nur, wenn wir unser Begehren an die Wirklichkeit anpassen – und eben nur solche Wünsche haben, die sich auch tatsächlich erfüllen lassen.

Für die Philosophen der Antike war Glück ein harmonischer Seelenzustand, erreichbar nur mit viel geistiger Disziplin. Erst die Aufklärer des 18. Jahrhunderts verbanden das Glück stärker mit Lust und Gefühl. Und einige progagierten sogar ein Anrecht auf Glück. Der englische Rechtsanwalt und Philosoph Jeremy Bentham sah das »größte Glück der größtmöglichen Zahl« als moralischen Maßstab aller Handlungen. Doch schon Kant hielt das ständige Glücksstreben der Menschen für fragwürdig. Schließlich sei Glück ein unbestimmter Begriff: Zwar wolle es jeder erreichen, aber keiner könne so recht sagen, was er eigentlich wünsche oder wolle. Das Glücksprinzip richte sogar Schaden an: Je mehr die Vernunft sich mit dem Streben nach dem Glück abgebe, desto weiter komme der Mensch von der wahren Zufriedenheit ab. Im Unterschied zu moralischen Prinzipien lasse sich das Streben nach Glück nicht streng rational, sondern nur empirisch begründen. Glückseligkeit sei daher »kein Ideal der Vernunft, sondern eines der Einbildungskraft«. Arthur Schopenhauer, der überall nur Leiden sah, hielt das Streben nach Glück ohnehin für einen Irrtum. Und Sigmund Freud meinte gar, das menschliche Glück sei »im Plan der Schöpfung nicht enthalten«. Den Glückssuchern empfahl er immerhin Arbeit und Liebe – nicht das schlechteste Rezept. Evident schien manchen Denkern aber auch, dass ständiges Nachdenken über das Glück erst recht nicht glücklich macht. In seiner Abhandlung über die menschliche Natur berichtete der große schottische Philosoph David Hume, wie er seine Anflüge von Depression bekämpfte – und zwar ganz unphilosophisch: »Ich esse, spiele Backgammon, ich unterhalte mich und verbringe eine fröhliche Zeit mit meinen Freunden.«

Schleier des Nichtwissens

*Ein Gedankenexperiment zeigt,
wie eine gerechte Gesellschaftsordnung
funktionieren müsste*

Was ist gerecht? Und wie kommt man zu Gerechtigkeitskriterien, die alle Mitglieder einer Gesellschaft akzeptieren können? Der amerikanische Philosoph John Rawls (1921–2002) erdachte ein raffiniertes Gedankenexperiment. Die Grundidee lautet: Gerecht ist eine Gesellschaftsordnung dann, wenn sich die Mitglieder der Gesellschaft in einem fairen Verfahren darauf geeinigt haben. In einem fiktiven Urzustand sollen sich mehrere Vertragspartner auf eine gesellschaftliche Grundordnung festlegen. Doch sie treffen ihre Wahl unter einem »Schleier des Unwissens«: Die Vertragspartner kennen weder ihren Platz in der Gesellschaft, noch wissen sie, wie sich die zukünftige Grundordnung auf ihre soziale Position auswirken wird. Und sie haben auch keine besonders egoistischen Interessen oder Neidgefühle gegenüber anderen, die besser gestellt sind als sie selbst. Nach welchen Kriterien sollten die Vertragspartner nun die Grundordnung festlegen? Als rationale Akteure können sie offenbar keine Grundsätze beschließen, die eine Gruppe schlechter stellten als die anderen – etwa indem sie die Rechte einer Minderheit beschneiden. Schließlich wissen sie ja nicht, ob sie selbst zu dieser Gruppe gehören. Vernünftigerweise müssen die Vertragspartner unter ihrem »Schleier des Nichtwissens« also gleiche Grundfreiheiten für alle und faire Chancengleichheit befürworten. Zwar kann es in dieser Gesellschaft durchaus ökonomische Ungleichheiten geben. Allerdings müssen sich diese zum größtmöglichen Vorteil für die am wenigsten begünstigten Gesellschaftsmitglieder auswirken. Schließlich könnte jeder Vertragspartner ja das Pech haben, selbst am schlechtesten gestellt zu sein. Denn selbst wenn alle die gleichen Freiheiten haben: Der Wert der Freiheit ist nicht für jedermann derselbe, sagt Rawls. Das Modell der

Gerechtigkeit beruht letztlich auf Kants berühmtem kategorischen Imperativ: »Handle nur nach derjenigen Maxime, durch die du zugleich wollen kannst, dass sie ein allgemeines Gesetz werde.« Natürlich ist der »Urzustand« eine reine Fiktion. Doch die Rawls'schen Gerechtigkeitsgrundsätze bieten zumindest eine grobe Orientierung: Gerecht kann eine gesellschaftliche Ordnung nur dann sein, wenn jeder sie auch unter der Bedingung wählen würde, dass man auf ihrer untersten Stufe landen könnte.

Zum Weiterlesen:
John Rawls, *Eine Theorie der Gerechtigkeit*, Frankfurt am Main 1975.

Alternativlos?

Kann man für sein Handeln verantwortlich sein, wenn man keine Alternativen hat?

Wenn wir uns für etwas rechtfertigen, das wir getan haben, sagen wir manchmal Sätze wie: »Ich hatte keine Alternative.« Damit wollen wir offenbar ausdrücken, dass wir für die Handlung nicht verantwortlich sind. Wir konnten eben nicht anders. Aber nun stellen Sie sich folgende Situation vor: Sie sind in einem Raum eingeschlossen – und wissen nicht, dass die Tür verriegelt ist. Sie führen gerade ein anregendes Gespräch und haben keinen Grund, den Raum zu verlassen. Offenbar bleiben Sie aus freien Stücken in dem Raum, obwohl Sie ihn gar nicht verlassen könnten. Mit anderen Worten: Sie haben keine Alternative – und handeln trotzdem frei. Das Beispiel von John Locke widerspricht offenbar unserer Vorstellung von freiem Handeln. Freiheit bedeutet demnach, dass mein Handeln keinen Zwängen unterliegt – und ich auch anders handeln könnte. Tatsächlich sind Sie in dem Raum eingeschlossen. Aber nun könnte man einwenden, dass Sie ja hätten versuchen können, den Raum zu verlassen. Und in diesem Fall hätten Sie wohl bemerkt, dass die Tür verschlossen ist. Von Freiheit kann also offenbar keine Rede sein: Es wäre Ihnen eben nicht möglich gewesen, den Raum zu verlassen. Moralische Verantwortung, so denken die meisten, beruht auf Freiheit. Wir sind für das, was wir getan haben, nur dann verantwortlich, wenn uns niemand gezwungen hat – wenn es zu der Handlung also Alternativen gegeben hätte. Wenn uns jemand hingegen zu einer Handlung zwingt, können wir dafür auch nicht verantwortlich gemacht werden. Wenn also von »alternativloser« Politik die Rede ist, so soll das offenbar bedeuten: »Wir sind nicht verantwortlich.« Doch das ist ein Irrtum, behauptete der amerikanische Philosoph Harry Frankfurt: Wir können auch für Handlungen verantwortlich sein, wenn wir gar nicht anders hätten handeln können. Angenommen, ich drohe Ihnen eine schwere Strafe an, wenn Sie nicht tun, was ich von Ihnen will. Auf den ersten Blick gibt es zwei Möglichkeiten. Die erste ist, dass Sie sich einfach weigern. Doch dann handelt es sich offenbar gar nicht um wirklichen Zwang: Schließlich hatten Sie ja immerhin die Alternative, sich meiner Drohung zu widersetzen. Die zweite Möglichkeit ist natürlich, dass Sie Ihre ursprüngliche Entscheidung aufgeben – und schlicht tun, was ich von Ihnen verlange. In diesem Fall sind Sie für die Handlung offenbar nicht moralisch verantwortlich, denn Sie haben ja aus Zwang gehandelt. Doch es gibt eine dritte Möglichkeit. Meine Drohung beeindruckt Sie zwar, und Sie würden ihr wohl auch nachgeben. Aber zufälligerweise wollten Sie ohnehin nichts anderes tun als das, was ich von Ihnen verlangt habe. Habe ich Sie nun zu dieser Handlung gezwungen oder nicht? Für beide Erklärungen spricht offenbar einiges. Aber selbst wenn es tatsächlich Zwang war: Offenbar haben Sie doch (im dritten Szenario) aus eigenem Antrieb gehandelt – und damit auch moralisch verantwortlich. Nun könnte man einwenden, dass die Person eben doch andere Möglichkeiten hatte. Angenommen, ich will, dass Sie etwas Bestimmtes tun. Doch ich lege meine Karten nicht gleich auf den Tisch, sondern warte, bis Sie im Begriff sind, etwas anderes zu tun als das. Und dann bringe ich Sie irgendwie dazu, das zu tun, was ich will. Der Witz ist: Offenbar können Sie gar nichts anderes tun, weil ich das nicht zulasse. Aber Sie hätten sich ja völlig frei entscheiden können, genau das zu tun, was ich von Ihnen wollte. In diesem Fall hätte ich gar nicht eingegriffen. Offenbar erfordert moralische Verantwortlichkeit nicht einmal verschiedene Handlungsalternativen. Man könnte sogar noch einen großen Schritt weitergehen. Irgendein Wesen könnte unser ganzes Leben auf diese Weise steuern: Es greift eben nur dann ein, wenn wir nicht tun, was es will. In diesem Fall könnten wir sogar alles aus eigenem Antrieb, aus eigenen Gründen tun – ohne jemals eine Alternative gehabt zu haben. So betrachtet, wäre also alles »alternativlos« im Merkel'schen Sinn.

Zum Weiterlesen:
Harry Frankfurt, *The Importance of What We Care About. Philosophical Essays*, Cambridge 1988.

Was muss, muss

Was es heißt, etwas zu müssen – und warum das viel mit uns selbst zu tun hat

Was »müssen« wir eigentlich? Und müssen wir überhaupt irgendetwas? Natürlich werden Ihnen sofort viele Dinge einfallen, die Sie unbedingt tun müssen – und zwar womöglich noch heute. Vielleicht »müssen« Sie zur Arbeit gehen, eine Überweisung tätigen, einen Arzttermin vereinbaren – und womöglich auch die Blumen gießen. Nichts davon »müssen« Sie im eigentlichen Sinn. Etwas tun zu müssen heißt ja, dass es das einzige ist, was man überhaupt tun kann – dass es also keine Alternative gibt. Aber natürlich könnten Sie Ihrer Arbeit auch fernbleiben, das Geld nicht überweisen, den Arzttermin erst nächste Woche vereinbaren und Ihre Zimmerpflanzen vertrocknen lassen. So betrachtet müssen wir eigentlich fast gar nichts. Aber natürlich drückt das Wort »müssen« meist etwas anderes aus. Nehmen Sie zum Vergleich das Wort »sollen«. Wenn ich sage, dass ich etwas tun »sollte«, dann meine ich damit normalerweise, dass es unter den gegebenen Umständen angemessen wäre, das zu tun. Das Wort »sollen« bezieht sich dabei auf meine Wünsche, Gründe und Einschränkungen in einer bestimmten Situation, meint der britische Moralphilosoph Bernard Williams: Ich sollte X tun, wenn ich Y will – und X das beste Mittel ist, um Y zu erreichen. Und wenn X das einzige Mittel ist, um Y zu erreichen, dann »muss« ich eben X tun, wenn ich Y will. So gesehen ist »müssen« also immer relativ zu unseren Zielen und Motiven. Ich muss die Blumen gießen, wenn ich nicht will, dass sie eingehen. Das bedeutet nicht, dass ich sie gießen muss. Schließlich könnte ich mich ja auch nicht darum kümmern, ob sie verwelken. Aber wenn ich das nicht will, bleibt mir keine andere Wahl. Beim »Sollen« ist das anders. Dass ich X tun »soll«, heißt noch lange nicht, dass ich es tatsächlich tue. »Sollen« lässt mir eine Alternative. Ich kann also auch etwas anderes tun, obwohl ich Gründe habe, es nicht zu tun. Wenn ich also Y statt X tue, könnten Sie mir zwar hinterher sagen: »Du hättest doch X tun sollen.« Das ändert aber nicht das Geringste daran, dass ich Y getan habe. Wenn ich hingegen X tun »musste«, dann heißt das, dass ich es tatsächlich getan habe. Wenn Sie Schach spielen, dann hat es keinen Sinn zu sagen, Sie »sollten« die Dame auf diese oder jene Weise setzen. Der Punkt ist: Sie können gar nicht anders. Das heißt nicht, dass Sie es physisch nicht können. Natürlich können Sie die Spielfigur auch quer durchs Zimmer schleudern, statt einen regelkonformen Zug zu machen. Aber dann spielen Sie eben nicht mehr Schach, sondern tun etwas anderes. Sollen ist also nicht das Gleiche wie »müssen«. Ich kann mir völlig sicher sein, dass ich etwas tun sollte – und trotzdem etwas anderes tun. Wenn ich hingegen etwas tun muss, dann bedeutet das offenbar, dass ich nichts anderes tun kann. Das kann einerseits heißen: Ich habe derart zwingende Gründe, X zu tun, dass Y als Alternative einfach nicht mehr in Betracht kommt. Umgekehrt kann Y für mich so unakzeptabel sein, dass ich X tun muss. Wenn ich aber nichts anderes tun kann, dann werde ich auch nichts anderes tun – jedenfalls nicht absichtlich. Dass ich es nicht tun kann, heißt dann entweder, dass ich scheitern würde, wenn ich X zu tun versuche – oder dass ich es gar nicht versuchen kann. Zu dem Schluss zu kommen, dass man etwas tun muss – das heißt nach Williams, eine »Entdeckung über sich selbst« zu machen. Doch dabei geht es darum, die eigenen Möglichkeiten zu erkennen, aber auch die äußeren Einschränkungen, denen wir unterliegen. Etwas zu müssen heißt, nicht anders zu können. Was wir nicht tun können, setzt unseren Überlegungen Grenzen. Wie wir diese Grenzen stecken, sagt etwas über unseren Charakter. Ein Mensch wird einem Schwerverletzten nicht deshalb helfen, weil es irgendeine Regel gebietet – sondern weil er es muss. Denn wenn wir etwas wirklich tun müssen, dann können wir Alternativen gar nicht ernsthaft erwägen. Dann reicht es einfach zu sagen: »Ich kann nicht anders.«

Zum Weiterlesen:
Bernard Williams, *Moralischer Zufall. Philosophische Aufsätze 1973–1980*, Königstein/Ts. 1984.

Wo der Hammer hängt

Was der Sinn unseres Daseins damit zu tun hat, wie man einen Nagel einschlägt

Was ist Sein? Und was heißt es, dass etwas »ist«? Eine seltsame Frage, könnte man meinen. Schließlich glauben wir doch zu wissen, was es bedeutet, wenn wir sagen: »Da steht ein Tisch« oder »Ich bin ein Mensch«. Aber was macht das »Sein« eines Tisches aus? Und wie unterscheidet sich das Sein eines Tisches vom Sein eines Menschen? Das Seiende ist einfach das, was ist – eben ein Tisch. Das »Sein« dieses Seienden aber ist etwas anderes. Für Martin Heidegger ist dies nichts Materielles oder Objekthaftes, sondern der Verständnishorizont, in dem uns Dinge begegnen. Nehmen wir einen Tisch in einem Zimmer. Was können wir über ihn sagen? Sicher können wir den Tisch beschreiben – seine Größe, seine Farbe, das Material usw. Wir könnten aber zum Beispiel auch sagen, der Tisch stehe »ungünstig«. Damit meinen wir offenbar keine Eigenschaft, die dem Tisch selbst anhaftet. Dass er »ungünstig steht«, bezieht sich auf das Ganze, also den Raum, in dem wir uns befinden. Das »Sein« dieses Tisches besteht also darin, dass er in diesem Zimmer ungünstig steht. Das Problem ist nach Heidegger, dass der »ontologische Unterschied« zwischen Seiendem und Sein verschüttet ist. Als Menschen sind wir nach Heidegger gleichsam geworfen in eine Welt, deren wahres Sein wir erst freilegen müssen. Das Seiende ist nicht einfach vorhanden. Was uns gegeben ist, das ist uns zunächst einmal »zuhanden« – es dient uns zu irgendwelchen Zwecken. »Zeug«, so nennt Heidegger Dinge, die sich uns erst im alltäglichen Gebrauch erschließen. Zeug ist zunächst einmal unauffällig. Wir entdecken es nicht durch theoretisches Betrachten, sondern indem wir damit hantieren, es gebrauchen. Und vor allem entdecken wir es dann, wenn es einmal »unzuhanden« ist – wenn also das benötigte »Zeug« fehlt. Ein Zeug »ist« eigentlich gar nicht. Vielmehr verweist es nur auf anderes Zeug – ja auf einen ganzen »Zeugzusammenhang«. Einen Hammer braucht man zum Nageleinschlagen, den Nagel wiederum, um etwas zu befestigen usw. Mit anderen Worten: Zeug hat einen Zweck, es ist bezogen auf unsere Bedürfnisse und Möglichkeiten. Letztlich verweist alles Zeug auf den Menschen, der es gebraucht – also auf den »Nutzer«, wie wir heute sagen würden. Menschen unterscheiden sich grundlegend von Zeug. Wir sind eben nicht »zuhanden« wie materielle Dinge. Doch als Menschen sind wir zunächst einmal gefangen im Alltag, in unseren Gewohnheiten und Routinen. Wir versuchen einfach nur, mit der Welt und unserem Leben zurechtzukommen. Aber damit existieren wir im Modus der »Uneigentlichkeit« – wir sind nicht wahrhaft wir selbst. Authentisch existieren wir nur, wenn wir uns aus dieser »Verfallenheit« des Alltags zurückholen. Der eigentliche Sinn unseres Daseins aber ist die Zeitlichkeit – unser Sein zum Tode. Das Wesen unseres Seins liegt in der »Existenz«, im Selbstwerden, im Möglichsein. Und dazu gehört es manchmal auch, einen Nagel einzuschlagen.

Zum Weiterlesen:
Martin Heidegger, *Sein und Zeit*,
Tübingen 1967.

Was wichtig ist

Sorgen wir uns um Dinge,
weil sie wichtig sind? Oder sind sie wichtig,
weil wir uns um sie sorgen?

Was wäre für Sie dramatischer – eine unbedeutende Verletzung Ihres kleinen Fingers oder die Zerstörung der Welt? Vermutlich haben Sie eine recht eindeutige Antwort. Aber wenn Sie über die

Frage nachdenken, werden Sie merken: Auch die verrücktesten Ideen sind nicht zwangsläufig irrational: »Es widerspricht nicht der Vernunft, die Zerstörung der Welt einer Schramme an meinem Finger vorzuziehen«, schrieb der schottische Philosoph David Hume. Trotzdem würden wir jemanden, der so denkt, einfach für verrückt oder unmenschlich halten. Eine rationale Person kann nicht die Zerstörung der Welt in Kauf nehmen wollen – und schon gar nicht wegen eines Kratzers am Finger. Es erscheint uns einfach undenkbar, so etwas zu wünschen. Aber warum ist es undenkbar? Und woher kommt es, dass wir bestimmte Dinge einfach nicht tun können? Eine mögliche Erklärung wäre, dass Dinge in sich wichtig sind. Ihre Wichtigkeit liefert uns Gründe, uns um sie zu sorgen. Aus dieser Sicht gibt die Wirklichkeit selbst die Regeln vor, die unser Handeln bestimmen. Die Welt ist eben wichtiger als mein kleiner Finger. Also habe ich einen Grund, sie nicht zu zerstören, bloß um einen Kratzer zu vermeiden. In Humes Beispiel scheint der Fall klar zu sein. Doch im normalen Leben fällt die Entscheidung oft viel schwerer. Was ist »wichtiger« – der Job oder die Familie, das neue Auto oder ein Urlaub? Vermutlich werden Sie auf diese Fragen Ihre persönliche Antwort haben. Aber es fällt uns schwer, solche Fragen »objektiv« zu entscheiden. Man sieht es einem Auto eben nicht an, ob es wichtiger oder weniger wichtig ist als ein schöner Urlaub. Was wichtig ist, liegt offenbar im Auge des Betrachters. Stellen Sie sich vor, Dinge hätten eine Art »Etikett«, das uns sagt, wie wichtig sie sind und wie wir mit ihnen umzugehen haben. Die Dinge hätten also gleichsam Normen und Gesetze eingebaut. Das Problem ist: Es stünde mir trotzdem frei, ob ich mich darum kümmere oder nicht. Ich kann die »Gesetze« ja einfach ignorieren. (Darin liegt unter anderem die Schwierigkeit, mit einem Amoralisten zu argumentieren – also mit jemandem, der moralische Kategorien nicht akzeptiert. Es ist eben nicht irrational, sich zu weigern, die Wichtigkeit bestimmter Dinge anzuerkennen – und entsprechend zu handeln.) Wichtig ist das, worum wir uns »sorgen«, sagt der amerikanische Philosoph Harry Frankfurt. Das können Freunde sein, Bücher, Musik, Fußball – was auch immer. Sich um etwas zu sorgen heißt nach Frankfurt mehr, als es bloß für »wichtig« zu halten. Für wichtig halten können wir alles Mögliche. Sich um etwas zu sorgen, das heißt, uns darum zu kümmern, Zeit und Mühe zu investieren. Nach Frankfurt definieren wir uns über die Dinge, um die wir uns sorgen. Doch worum wir uns sorgen, hängt nicht allein von uns ab, sagt Frankfurt. Manchmal können wir nicht anders. Es gibt Dinge, um die wir uns sorgen müssen – nämlich Dinge, die wir »lieben«.

Liebe beruht nicht auf Gründen – sie schafft Gründe. Liebe schränkt unsere Optionen ein. Wenn wir lieben, können wir eben nicht alles tun. Liebe schafft daher eine »willentliche Notwendigkeit«. So brauchen wir keinen besonderen Grund, warum wir leben wollen. Wir lieben das Leben. Und da wir das Leben lieben, können wir eben nicht die Zerstörung der Welt wollen. Und zwar unabhängig davon, ob die Welt an sich wichtig ist oder nicht.

Zum Weiterlesen:
Harry Frankfurt, *Gründe der Liebe*,
Frankfurt am Main 2005.

Die Qual der Wahl

Freiheit ist nicht gleich Freiheit.
Warum wir völlig frei sein können –
und zugleich im Käfig sitzen

Es ist Feierabend, und Sie wollen gut essen gehen. In Ihrer Umgebung gibt es eine Vielzahl vorzüglicher Restaurants, Sie haben die freie Entscheidung. Doch leider sind Sie Raucher und halten es nicht lange aus ohne Zigaretten. Also wählen Sie ein

Lokal, in dem Sie draußen sitzen und rauchen können – obwohl das Essen dort miserabel ist. Haben Sie unter diesen Umständen wirklich frei gehandelt? Ja und nein, könnte man sagen. Einerseits hatten Sie die freie Wahl. Sie hätten sich auch für ein anderes Restaurant entscheiden können. Andererseits hatten Sie als Raucher letztlich nur die eine Option. Das Beispiel zeigt den Unterschied zwischen »negativer« und »positiver« Freiheit. Das Begriffspaar hat der britische Philosoph Isaiah Berlin geprägt. Negative Freiheit bedeutet die Abwesenheit äußerer Hindernisse: Niemand schränkt mich ein, mir stehen alle Wege offen – ich kann tun und lassen, was ich will. Positive Freiheit hingegen läuft hinaus auf Selbstbestimmung: Ich realisiere meine Fähigkeiten und Ziele, ich bin Herr meines eigenen Lebens. Nach dem Konzept der »negativen« Freiheit waren Sie bei der Wahl des Restaurants völlig frei, schließlich hat Sie ja niemand gezwungen oder Ihnen Hindernisse in den Weg gelegt. Aus Sicht der »positiven« Freiheit hingegen waren Sie nicht wirklich frei. Getrieben von Ihrer Sucht, haben Sie sich für das schlechtere Restaurant entschieden. So betrachtet lief Ihre Entscheidung auf das Gleiche hinaus, als wenn Sie von vornherein nur diese eine Option gehabt hätten. Nun könnten Sie mir entgegenhalten: Aber ich hatte doch den Wunsch, in ein Restaurant zu gehen, in dem ich rauchen kann. Alle anderen Optionen kamen für mich gar nicht in Betracht. Also war es doch eine freie Entscheidung! Wenn Freiheit nur bedeutet, das tun zu können, was man sich wünscht, dann kann man sie offenbar auch dadurch erreichen, indem man sich einfach weniger wünscht. Und dann ist auch derjenige frei, der nur das tun kann, was er sich wünscht – also letztlich auch der zufriedene Sklave, denn er wünscht sich ja nichts anderes. So gesehen muss man eigentlich nur seine Wünsche an die Realität anpassen. Doch dagegen ließe sich allerhand einwenden: Wenn ich nur eine einzige Option habe, die meinen sehnlichsten Wünschen entspricht, dann bin vielleicht zufrieden – aber nicht frei. Zur Freiheit gehört offenbar auch, daß wir das tun können, was wir nicht wünschen – mit anderen Worten: dass wir Alternativen haben. Bei der Wahl des Restaurants hatten Sie sicherlich Alternativen. Die anderen Lokale waren nicht geschlossen, und man hätte Ihnen auch nicht den Eintritt verwehrt. Es standen Ihnen alle Möglichkeiten offen – und Sie konnten letztlich das tun, was Sie sich gewünscht haben. Andererseits konnten Sie Ihre Möglichkeiten nicht realisieren, denn aufgrund Ihrer Sucht mussten Sie ja auf ein besseres Essen verzichten. Offenbar können also auch »innere« Hindernisse unsere Freiheit einschränken. Der kanadische Philosoph Charles Taylor lieferte dafür folgendes Argument: Auch bei äußeren Hindernissen unterscheiden wir nach dem Ausmaß, in dem sie unsere Freiheit bedrohen. So schränken Verkehrsampeln sicherlich unsere Freiheit ein, doch diese Einschränkung scheint uns kaum der Rede wert. Ganz anders hingegen wäre es etwa bei der Meinungsfreiheit. Also halten wir verschiedene Freiheiten für unterschiedlich bedeutsam. Dabei gehen wir offenbar von unserem Verständnis aus, was wir für wichtig halten und was nicht. Unsere Wünsche schreiben Dingen Wichtigkeit zu. Zwischen unseren Wünschen kann es allerdings zu Konflikten kommen. Zum Beispiel kann uns ein Wunsch daran hindern, ein anderes Ziel zu erreichen, das uns eigentlich viel wichtiger ist – etwa wenn jemand aus Bequemlichkeit oder Angst etwas zu tun unterlässt, was er eigentlich unbedingt tun will. Unsere Wünsche können sich demnach »irren« – und die Sicht auf unsere eigenen Ziele verzerren. Ihr Wunsch, in jeder Situation zu rauchen, hindert Sie also daran zu erkennen, dass Ihnen eigentlich gutes Essen wichtig ist. Mit anderen Worten, Sie unterliegen einer Selbsttäuschung. Wahre Freiheit erfordert nach Taylor Selbsterkenntnis – und damit die Fähigkeit, die eigenen Ziele richtig zu bestimmen. Wenn Ihre Sucht Sie tatsächlich daran hindert, ein gutes Restaurant zu wählen, dann sind Sie eben nicht frei – auch wenn Ihnen alle Restaurants der Welt offen stünden.

Eine Frage des Gewissens

Was Güterwaggons mit unserer Moral zu tun haben

Stellen Sie sich folgende Situation vor: Auf einem Spaziergang beobachten Sie, wie ein Güterwaggon ein Eisenbahngleis entlangrollt – genau auf fünf Menschen zu, die nichts von der Gefahr bemerken. Zufällig stehen Sie neben einer Weiche. Wenn Sie die Weiche umlegen, dann fährt der Waggon auf ein Nebengleis, und die fünf Menchen sind gerettet. Allerdings überrollt der Waggon dann einen Arbeiter auf dem Nebengleis. Würden Sie die Weiche stellen – und den Tod eines Menschen in Kauf nehmen, um fünf andere zu retten?

Ein anderes Szenario: Von einer Brücke aus sehen Sie, wie der Waggon auf die fünf Personen zurollt. Es gibt nur eine Chance, das Unglück zu verhindern: Sie müssen einen schweren Gegenstand auf die Bahntrasse werfen, um den Waggon zu stoppen. Zufällig steht neben Ihnen ein Mann. Würden Sie ihn hinunterstoßen, um die anderen fünf zu retten?

Bei einer Internet-Befragung hat sich gezeigt: Die meisten Menschen beantworten die erste Frage mit Ja, die zweite hingegen mit Nein. Dabei laufen beide Alternativen eigentlich auf das Gleiche hinaus: Sie müssen einen Menschen töten, damit fünf andere überleben. Nach einer utilitaristischen Kosten-Nutzen-Überlegung müssten Sie eigentlich beide Alternativen gleich bewerten. Aber offenbar macht es für die meisten einen Unterschied, einen Menschen von der Brücke zu stoßen – oder eben nur eine Weiche umzulegen. Die meisten Teilnehmer an dem Experiment konnten ihre Entscheidung selbst nicht erklären. Der amerikanische Experimentalphilosoph und Neurowissenschaftler Joshua Greene schaute seinen Probanden deshalb ins Gehirn, während sie über das Problem nachdachten – mit Hilfe funktioneller Magnetresonanztomografie. Unter dem Hirnscanner zeigte sich: Bei dem Szenario, in dem die Versuchspersonen die Person aktiv hinunterstoßen mussten, wurden Hirnregionen stärker aktiviert, die mit Emotionen zu tun haben. Beim ersten Szenario hingegen waren nur die »rationalen« Hirnzentren aktiv. Anscheinend hindern uns die Emotionen daran, einem Menschen unmittelbar physische Gewalt anzutun. Das zeigt sich auch im Fall von Psychopathen. Solche Menschen haben zwar oft durchaus ein funktionierendes Urteilsvermögen, sie können also sehr wohl abstrakt zwischen Gut und Böse unterscheiden. Aber sie »fühlen« den Unterschied nicht – und das macht sie so gefährlich. Das bedeutet umgekehrt natürlich nicht, dass eine emotionale Reaktion ein moralisches Urteil begründen kann. Aber offenbar können uns Emotionen dabei helfen, moralisch relevante Situation angemessen zu erfassen – und entsprechend zu reagieren. Einige Neurophilosophen glauben sogar, dass wir eine Art angeborenen »Moralinstinkt« besitzen. Das ist beruhigend zu wissen, sollten Sie demnächst einmal zufällig auf einer Eisenbahnbrücke stehen.

Die Glücksmaschine

Wollen Sie wirklich immer nur glücklich sein?

Stellen Sie sich eine Maschine vor, die Ihnen alle Erfahrungen verschafft, die Sie sich wünschen – eine Art Glücksmaschine. Neurowissenschaftler würden Ihr Gehirn so stimulieren, dass Sie das Gefühl haben, immer nur angenehme Dinge zu erleben – Freunde zu treffen, sich zu verlieben, einen großen Roman zu schreiben und so weiter. Sie könnten sich sogar die Erfahrungen anderer ausleihen, vielleicht die erotischen Erlebnisse Casanovas oder Einsteins Eingebung, als er die Relativitätstheorie entdeckte. Was auch immer Sie an aufregenden Dingen erleben: Es wäre vollkommen realistisch und durch nichts von der Wirklichkeit zu unterscheiden. In Wirklichkeit aber schwimmen Sie in einem Tank – und an Ihrem Gehirn sind Elektroden angebracht. Die Frage des amerikanischen Philosophen Robert Nozick, von dem das Gedankenexperiment stammt, lautet nun: Würden Sie sich an eine solche Maschine anschließen? Oder würden Sie davor zurückschrecken? Der Gedanke ist zwar etwas unheimlich, doch irgendwie scheint es verlockend, sich an diesen Apparat zu stöpseln. Letztlich kommt es im Leben doch nur auf unsere subjektiven Erfahrungen an, so könnte man meinen – also darauf, wie sich das Leben für uns anfühlt. Schließlich haben wir ja nichts außer diesen Erfahrungen. So betrachtet wäre es doch am besten, sich einfach alle Erfahrungen zu verschaffen, die man sich nur wünschen kann. Was wollen wir mehr? Nozick hat darauf zwei Antworten. Erstens wollen wir bestimmte Dinge einfach tun – und nicht bloß die Erfahrung haben, als würden wir sie tun. Wenn ich Freunde treffen will, dann will ich sie wirklich treffen – und nicht bloß das Gefühl haben, dass ich sie treffe. Der zweite Grund ist: Wir wollen jemand sein, eine Person – und nicht bloß ein Wesen in einem Tank. Nach Nozick wäre die Entscheidung, sich an die Maschine zu stöpseln, nichts anderes als Selbstmord. Nun könnten wir uns alle möglichen ähnlichen Maschinen vorstellen – zum Beispiel eine Maschine, die Sie einfach in die Person verwandelt, die Sie gerne sein würden. Oder stellen Sie sich vor, Sie könnten sich per Knopfdruck beliebig oft in eine andere Person verwandeln. Wenn Sie gerade Einstein sein wollen, dann sind Sie Einstein. Oder Angelina Jolie. Oder Angela Merkel. Oder wer auch immer. Und wenn Ihnen das alles nicht reicht, könnten Sie immer noch die »Ergebnismaschine« wählen – eine Maschine, die einfach alle Resultate in der Welt produziert, die Sie sich wünschen. Doch für welche Maschine auch immer Sie sich entscheiden: Es ist die Maschine, die Ihr Leben lebt. Offenbar sind es nicht unsere Erfahrungen allein, auf die es ankommt. Wir wollen eben unser eigenes Leben leben – und nicht das eines anderen.

Zum Weiterlesen:
Robert Nozick, *Anarchie, Staat, Utopia*, München 2011.

Ausführliches Inhaltsverzeichnis

Sinn & Bedeutung

Was Worte wirklich sagen – und was sie uns verschweigen

Geist & Materie

Was wir von Zombies über das Bewusstsein erfahren – und warum es nicht schön ist, ein Gespenst zu sein

Wille & Vorstellung

Von den Tücken des menschlichen Handelns – und einer Maschine, die uns glücklich macht